请记住：日事日清

THE ON-TIME, ON-TARGET MANAGER

〔美〕肯·布兰佳　史蒂夫·哥特里——著

罗耀宗——译

Ken Blanchard　Steve Gottry

南海出版公司

新经典文化股份有限公司
www.readinglife.com
出　品

时间的最大损失是拖延、期待和依赖将来。

——塞涅卡（古罗马思想家）

目 录

导读　请记住：日事日清

这个故事发生在美国独立战争时期。

1776年的圣诞之夜，对于美国独立战争是一个重要的日子。刚刚吃过败仗的美军在华盛顿将军的率领下，利用英军疏于戒备之机，东渡特拉华河。特仑顿的司令雷尔马上派人送信给恺撒将军。

当信使把信送到时，恺撒正在和朋友玩牌，于是他把那封信放在了一边，打完牌后，才去阅读。等他读完这封信，感到大事不妙，赶紧去召集军队，但是已经太晚了。华盛顿率领的美军以迅雷不及掩耳之势攻占了特仑顿。最后恺撒命丧美军之手。

只不过是几分钟的拖延，导致恺撒全军被俘，最后还丢掉了自己的性命。

拖延的恶习对于职场中人，危害尤其重大。每一天都有每一天的事，如果把今天的事拖到明天去做，即使不造成严重的后果，也会浪费双倍的时间。一个成功的人总是立即采取行动，从来不会拖延。同样，一个成功的企业，必然拥有一支具备高效战斗力的团体。但是，又有多少人能真正意识到这一点的决定作用呢？

如果我们注意观察，就会发现身边不乏这样的人：他们习惯于在最后一分钟才走进办公室，然后对别人抱怨坏掉的闹钟和越来越拥堵的交通；面对纷繁芜杂的工作，他们整天都在忙忙碌碌，却在不经意间漏掉了最重要的工作任务；他们埋头于琐碎的日常事务，兢兢业业，工作质量却无法令人满意；他们开始时劲头十足，却常常因为困难而半途而废，给自己和别人都带来压力。

他们也许人缘不错，品行端正，是公认的好好先生。可是他们从来都是按部就班，行动缓慢，表现平平，老是抓不住重点，甚至错误百出。

这样的人并不少见，他们认为自己工作很卖力，因此受到批评时，总是满腹委屈："我每天都很忙，一刻都没有闲着，我已经做了很多工作，为什么还是对我不满意。"他们并没有意识到，这种错误的心理状态正在吞噬着他们的心灵，让他们一步步走向失败与堕落的深渊。

如果要探究这种拖拉心理存在的根源，那是因为他们不能区分工作中什么是重要的，什么是次要的；他们不能在正确的时间，找到正确的人一起做正确的事，因此无法得到正确的结果；他们不能执着于预定的目标，遇到一点困难就轻易地放弃了自己的追求。

不妨花一点时间来观察自己以及身边的人。在这一天之内，看看自己花了多少时间在工作上，又有多少时间被肆意挥霍掉了；看看自己是否为每项工作排出了优先次序，又有什么重要的工作被落掉了。相信你会有惊人的发现。

如果在自己身上发现了这种做事拖拉的坏习惯，大可不必灰心失望，看看这本书里的主人公鲍勃吧，他也曾经是“永远迟到”的“最后一分钟经理人”，但他将本书介绍的自我管理方法应用到了工作和生活中，处境就发生了翻天覆地的变化，最终变成“崭新得发亮”的高效经理人。

也许你并不是这样的人，但受到了这类人的不良影响，那也有必要仔细阅读这本书，因为它正中要害，切实可行，能帮助你认清周围的人，能为你提供正确的指引，提升工作效率，从此为你注入前所未有的活力。

这是一个刻不容缓的时代！如果在一个企业里，随处都能看见拖拖拉拉的员工，那一定不会是一个成功的企业。一个强大的企业是由每一位高效率的员工决定的！所有有远大理想的企业都应当将立即行动作为员工应该严格执行的行为准则。是否遵守这个准则，不仅决定着企业的成败，也与员工的个人成长息息相关。

现在就去做吧！请记住：日事日清，才会日清日高。

前言　拖延是最狠毒的事业杀手

这本书可能根本不适用于你，但很可能适用于你认识的某个人，比如某个同事、下属、上司，甚至还可能是你的另一半或者孩子。

本书要谈的是一个狠毒的事业杀手，它每天都在暗中使坏。事实上，它比事业杀手要坏得多。它会毁掉我们的组织、婚姻、家庭、人际关系、财富……乃至性命。

它的名字叫作“拖延”。简单地说，就是做事拖拖拉拉，总是把重要的事情拖延到截止日期之后，这正是拖拉在作怪。你可能并不是这样，但我们每个人或多或少都有过和这个阴险的敌人交锋的经历。在学校读书的时候，我们总是拖到最后一刻才动笔写重要的论文，或者准备期末考试；我们熬夜苦读，到了第二天，真正需要打起精神考试的时候，却哈欠连连、精神不济。

我们在工作中能拖则拖，有时候超过了最后期限，还没有把重要的任务做完；或者做了许多毫无意义的琐事，重要的大事却扔到一边，碰也没碰。

在家里，我们经常“太忙”或者“太累”，不能给孩子讲故事，然后安慰自己说：“哪天找个更适合的时间再讲故事好了，反正今天讲和明天讲也没什么两样。”就这样，一天拖过一天，孩子们长大成人上了大学，我们才猛然惊醒：为什么那个“更合适的时间”从来没有出现过？

我们总有借口自圆其说，我们自己对这些借口信以为真，还希望别人也相信这些借口。到头来，我们的工作、另一半、孩子还有健康都深受其害。归根结底，都是因为我们总是“往后拖一拖”，或者先处理“细枝末节”，而把最重要的事留到最后才去做——如果做了的话。

虽然你可能不是这种人，但也应该提高警觉，拖拖拉拉的行为远比你所想的要普遍得多。这种行为不是凭空出现的，它的根源精深微妙，所以有必要设法摸清它的底细。

人们做事之所以经常拖拉，往往是因为没弄清楚什么事情才是重要的。然而，要想知道事情的轻重缓急，就必须知道它过去是什么样子、现在是什么样子、将来要往何处去。

他们之所以拖拉是因为他们没有意识到，再拖下去可能会导致不好的决策，产生不好的绩效，并将导致最终的失败。

他们之所以拖拉是因为他们虽然“有兴趣”去做某些事，却没有执着于更宽广的目标、更高远的理想、更重要的任务以及关怀他人。对某件事感兴趣与真正负责任去做，两者之间有天壤之别。以做运动为例，对运动只是“有兴趣”的人会找出各种借口，来解释自己今天为什么不适合出去运动。“我很累，而且外面在下雨。我最近事太多了，一天（或一星期、一个月）不锻炼也没什么大不了的。”相比之下，真正下决心锻炼身体的人，根本不会去想任何借口；他们只关心成果。“锻炼身体是为了自己好。要是天气太热，或是雨下个不停，我也可以在商场里快走几圈。”

拖拉的结果有三种：

○ 工作延迟

○ 工作质量低下

○ 给自己和他人带来压力

总而言之，问题就出在这些地方。

解决方法可以在本书找到——经理人鲍勃发现了 3P 策略，战胜了做事拖拖拉拉的老毛病。从此以后，他在生活的每个领域中，总能如期完成任务且目标明确。

○ 第一个 P 帮助鲍勃克服了工作延迟的坏习惯

○ 第二个 P 帮助他提高了工作质量

○ 第三个 P 帮助他减轻了自己和同事身上的压力

说到这里，你或许已经想到了某个人，或者是某几个人，能够受益于本书所要传达的信息。问题在于，你要怎么把这本书交给他们，而不会惹得他们不快？

答案很简单：在他们做事不拖拉的时候，向他们介绍本书所提供的一套策略，这套策略能让他们在各方面变得更有效率。你不妨告诉他们："就连写这本书的那两个家伙也在运用 3P 策略！"

是的，我们俩生性也是能拖则拖，但我们把这些简单的技巧应用到日常生活中，结果大不相同。这事再明白不过了。看看，我们可是按时写完这本书，并把它交到出版商的手上！

帮你自己（如果你做事也是拖拖拉拉）和你生命中那些重要的人一个大忙，和他们一起分享本书传达的信息吧！

肯·布兰佳，史蒂夫·哥特里

第一章
一分钟也不能拖延

—

Chapter One

如果我要完成一件事情，
我得立即动手去做，
空谈无济于事。

——

比尔·盖茨

重要的约会：鲍勃迟到了

这是一个星期一的早晨，经理人鲍勃比平时早起了一会儿。他习惯把闹钟定在早晨6点，这样他就有充裕的时间，可以到离家两个街区的小湖边，散步半个小时。然而今天，闹钟5点半就铃铃作响，因为他今天有一个非常重要的约会，要在7点半跟他的老板戴维共进早餐。

和戴维见面，鲍勃有点忐忑不安。这阵子以来，鲍勃一直期待着自己能从团队经理升为小组经理，这个美梦不知道能不能成真。说不定这次见面时，话锋一转，就会聊起他过去的一些小小的“绩效问题”，而这是他很不愿意接触的话题。

总之，早半个小时起床，散个步，然后赶赴早餐约会还来得及。

鲍勃散完步后神清气爽，很快地冲了个澡，喷了点他最喜欢的古龙香水，然后穿好衣服，在那条最有“公司味道”的领带上，打了个无懈可击的结。他已经有好几年没打领带了，这得感谢现在的商界人士流行穿的休闲风格。所以他费了一点工夫，才把那个讨厌的结打好。

接着，他戴上了那块贵得要命，却也准得要命的瑞士名表，顺便看了一下时间。“糟糕！时间不早了。”为了穿得像样点，他花的时间比原先估计的还要长。

“不用担心。”经理人鲍勃心想，“路上赶一赶就能把时间补回来了。”他把手机和笔记本电脑塞进皮包，然后一头钻进车里。

他又瞄了一下手表，再对一下车上的时钟。“唉！看来要迟到了。最好先给戴维打个电话！”

下一个红灯停车的时候，经理人鲍勃伸手到皮包里摸索，拿出手机，找到电话号码，拨通了上司的电话。

“喂，我是戴维。”电话那头传来戴维的声音。

“戴维，我是鲍勃。我得晚一点到，你已经在餐厅了吗？”

“是的。”戴维说，“现在你已经足足迟到了 15 分钟。”

“我知道，路上堵车堵得很厉害。”鲍勃说。其实他心知肚明，今天的交通状况并不比平时差。如果他事先多考虑一下，其实是很容易掌握交通时间的。“我会尽快赶到。”

“好吧！”戴维说，“我今天的工作排得很满。”

鲍勃终于赶到了，停好车后，他差点撞上餐厅的大门。他上气不接下气地跑进餐厅，四下寻找戴维的身影。

“终于来了。”看到鲍勃走过来，戴维这么说。

“抱歉，戴维，让你久等真不好意思。”鲍勃猛喘着粗气。他拉开椅子坐下来，非常尴尬地看着戴维。

戴维沉默了片刻，气氛一时让人如坐针毡。不久，戴维终于开口，劈头就问：“鲍勃，你来阿伽龙电子公司多久了？”

“6 年……不，我想应该有 7 年了。”

“差不多 7 年了。”戴维点了点头，“这么长的时间里，我一直担心一件事，那就是你好像一直没进入状况，不了解什么事情对我们公司最重要。”

经理人鲍勃马上紧张起来。“真的很抱歉，但是，我到底做错了什么事呢？”

“我们所从事的行业，变革速度很快，鲍勃。科技的进步，不是用年、月，甚至星期来衡量的，我们就好像开车上了快车道。我甚至觉得，事情每天都在发生变化。俗话说，世事多变，而且持续以迅雷不及掩耳的速度在变化着。”

“这我知道。”鲍勃说，一副“请放心，我懂”的表情。

“如果我们想要与别人竞争，”戴维接着说，“我们就必须时时提高警觉，掌握竞争对手正在做什么，并且超过他们。”

“这我也知道，戴维。”

“要是真的这样就好了，鲍勃，为什么你准备的很多预测报告，总是很晚才送到我的办公室？为什么你的预算表总是拖到最后一刻才交上来？为什么你们那一组老是要忙翻天，才能把‘即时’存货管理做好？身为团队经理，你有责任准时做好所有这些该做的工作。”

“是的，我知道，戴维。请放心，我在尽心尽力地做。”

“鲍勃，你上个月晚了两天出货给我们最大的客户，原因是你没有准时订购电容器那种小东西。结果，我们的客户损失了整整一天的产量。”

“这件事我记得一清二楚，”经理人鲍勃抗议说，“那时我正埋头处理一堆文件。有时候，时间就是不够用。”

戴维没有理会鲍勃的辩解。“我们刚刚得到消息，这家客户已经转向迪亚德科技公司进货。他们似乎拍胸脯保证，绝对能够准时交运主板。显然这家公司的其他客户，也愿意出面证明它的确办得到。”

经理人鲍勃的脸红了。“真不敢相信我们会失去这家客户，我一直以为我们两家公司的关系非常好。那只不过是一点小小的失误。”

“如今做生意就是这样。销售部门估计，因为你的一个小误会，使我们公司一年损失约 20 万美元。”

“我没想到……”

“嗯，那你现在知道了！”

“在公司这么多年，戴维，我相信这是我唯一一次超过了最后期限，没把事情做好。而且，这肯定是我第一次害得公司损失生意。”

“不光是损失生意的问题而已，鲍勃，那和你的工作习惯有关。你只求时间来得及就成，这样一来不仅影响你的工作质量，还会造成其他部门工作迟延。你似乎老是磨蹭到最后一刻才动手。从你的工作中，明显可以看出这一点。等到快没时间的时候，你才赶着把事情做完，结果不可避免地犯一些错误。有些错误还会给公司带来巨大的损失，只是你可能不知道而已。这种拖拉的工作态度，阿伽龙可消受不起。你的工作习惯也给同事们带来了压力，我敢说，你自己也觉得压力很大。”

“你说得没错，我确实感到压力很大。不过，我从来不觉得自己是一个拖拉的人。”鲍勃自我辩解说。

“在某些方面，你的确不是那种人。每次一进你的办公室，我看到你的桌子总是整理得井井有条，非常干净。看起来，你好像只顾着当个‘整洁先生’，而不是把心思放在工作的重要事务上。”

“事实不是这样的，戴维！”鲍勃抗议说。

“在我看来，鲍勃，你根本没弄清哪些事情重要、哪些事情不重要。这对我们来说可不是好现象，对阿伽龙和我们的客户来说，也不是好现象。”

“这话是什么意思？”经理人鲍勃迟疑地问。

“鲍勃,你是一个很好的企业员工。你在公司里的人缘很好,心胸相当宽广,”戴维说,“说真的,你乐于助人,参与社区服务,大家都对你颇有好评。虽然行事作风和公司的价值观相契合很重要，但成果也同样重要。我们经营的是一家企业，必须在商言商。你最近所犯的错误都记录到你的人事档案里了，相关资料的收集也十分严谨。情况已经相当严重了，鲍勃，我们准备对你进行留职察看。”

鲍勃一下子呆住了。他还以为这次赴约说不定会高升，可现在竟然要他留职察看！他怎么会错得这么离谱？

戴维接着说：“老哥，我对每位重要的员工都有两个期待：人品和绩效。你品行端正，这点毫无疑问，可惜绩效不佳。要是人品差，你早就被开除了。我不相信人品的缺陷可以矫正，但我相信绩效问题是可以解决的。”

鲍勃暗地里松了一口气：“我会好好努力的。”

戴维关怀的眼神流露出对鲍勃的期望。“我衷心希望你能取得成功，老哥。你前途无量，我可不想让你走。”

“戴维,我喜欢阿伽龙这家公司,在这里的日子过得很愉快。我该怎么做，才能向你证明我能够改进呢？”

“我有个新计划或许能帮你。你回到公司后，去找人力资源部的主管，她会告诉你详情。”

“一定照办。”鲍勃向他的老板保证。

临走前，戴维严肃地表示:“真心期盼你能改进工作作风，鲍勃……否则你就得另谋出路了。处于今天的商业环境中，没有一家公司养得起最后一分钟经理人。”

第二章
挑战“不可能”的任务

—

Chapter Two

如果我们想要在一个脚步不断加快的世界中赢得胜利，

那么，我们必须加快我们的速度才行。

速度就是一切，它是竞争力中不可缺少的要素。

快速可以使企业与人们保持年轻。

——

杰克·韦尔奇（通用电气前 CEO）

洗心革面计划

“惊讶的经理人”鲍勃坐进车里，开到了公司。他缓缓地走在那似乎没有尽头的走廊，走向人力资源部。戴维的最后一句话，一直在他的耳边回响：“……没有一家公司养得起最后一分钟经理人。”

“我是个称职的经理人。”鲍勃心里呐喊着，“对于这家企业，我可是从里到外了如指掌，这里没有我可不行。”

鲍勃踏入人力资源部的办公室，等主管打完电话后，他被请进了她的办公室，关上了门。

“听说你最近工作不太顺利，鲍勃，真令人遗憾。”主管开门见山地说，“你进公司已经相当久了，大家都很喜欢你，不希望你走。”

“我想，我愿意永远待下去。”鲍勃讲得很真诚。

人力资源部的主管尽其所能鼓励鲍勃说：“戴维非常关心像你这样的下属，希望好公民也能有好绩效，所以他设立了一个全新的职位，聘用一位新人担任，相信能够帮助你准时达成目标。我们认为，绩效是可以改善的。为了达到那个目标，你需要通过一套‘程序’。”

没错，鲍勃清清楚楚地听到，当人力资源部主管讲到“程序”时，特别加重了语气。

“可以请问一下是什么样的‘程序’吗？”

“哦！你得和 CEO 见几次面，她会告诉你——”“CEO？”鲍勃打岔说，“你是说戴维？叫我来找你的人就是他啊！”

人力资源主管笑着说：“我指的不是那种 CEO。”

“难道还有别的什么 CEO 吗？”鲍勃迷惑了。

“现在的确有，就叫作首席效能官（Chief Effectiveness Officer）。”

鲍勃一头雾水。“首席效能官？从没听说过这个名字。”

人力资源主管接着说：“你从没有听过这个职位，可能是因为它是几个星期前才设立的吧。”

“那这个新的 CEO 具体负责什么呢？”鲍勃询问。

“我们设立首席效能官的目的，是为了用 3P 来评量、帮助像你这样的好员工提高工作绩效。你了解 3P 吗？你是否把它们应用到你的生活和工作当中了？你愿意接受改善绩效的挑战吗？或者，你还想继续当最后一分钟经理人？”

“怪哉！”鲍勃心里嘀咕着，“戴维也说过相同的字眼——

最后一分钟经理人。”

人力资源主管又说：“你知道的，我们阿伽龙公司非常清楚地告诉大家，我们的成功有赖于每个团队的成员在思想上和行动上都像是公司的老板。要是人人老是请示上级来做决定，我们的客户就无法得到满意的服务。因此，在极其重要的时刻，自行做出关键决策的能力，攸关我们的经营能不能持续保持成功。3P 策略会给你力量，帮你达成那些目标。”

“是哪 3P 呢？”鲍勃问。

“等你和 CEO 见了面就知道了。”人力资源部主管卖了个关子，“明天上午有空吗？”

“有，最好是一大早。”

人力资源部主管拨通了 CEO 的分机，为鲍勃安排了上午 8 点钟见面。“我想，‘程序’对鲍勃会有帮助的，”人力资源部主管加了一句，“他人品端正，绩效记录却不合标准。我们希望你能指导他，让他成为高效经理人。也许应该先检查他一下。”

鲍勃很好奇，不知道人力资源部主管讲的最后一句话是什么意思。等她挂了电话后，鲍勃问：“我明天要接受身体健康检查吗？”

人力资源部主管微笑着说：“不，不是那么一回事，只是要看看你的信念。事情是这样的，我们得到的结论认为，信念带动行为。如果你没有取得理想的成果，追根溯源，也是由不好的信念造成的。CEO 会帮你检视自己是否有任何错误的信念，好让你成为高效经理人。要是她办到了，取消你留职察看的概率就很高。”

鲍勃思考了一会儿她话中的含义，然后问道：“那么，明天见面之前，要不要先准备什么？需要带什么东西吗？”

“什么都不用，”人力资源部主管回答，“只要准时到就行了。”

鲍勃回家后，妻子看到他的脸色，马上察觉到有什么不对劲的事。

“我被留职察看了。”鲍勃实话实说。

“工作不会丢吧？”妻子紧张地问。

“我想还不至于……只要我能成为高效经理人——他们是这么说的。”

“那你要怎么做才能办到？”妻子十分关心。

“据我所知，我得排出时间，和 CEO 见几次面。”

“你要和戴维见面？”

鲍勃笑着说：“是啊！我原先也是这么想的。不过我要见的 CEO 是首席效能官。”

“首席什么？”

“效能官。不能怪你，我也从没听过这个职位。效能官到底是做什么的，我只有一些模糊的概念。总之，她会检查我的想法，也就是我的信念。”

鲍勃的妻子松了一口气。“那应该很容易过关才对。当初嫁给你，就是因为喜欢你积极、正面的思考方式。你总是那么乐观向上。”

“但愿这次也能乐观得起来，”鲍勃笑着说，“不过，有些事情挺神秘的。她会跟我谈 3P，至于那到底是什么，我一点概念也没有。”

“我想，你很快就会知道了。”

第三章
什么是优先要务

—

Chapter Three

卓有成效的管理者

总是把最重要的事情放到前面先做。

——

彼得·德鲁克（著名管理大师）

第一个 P

第二天早晨，在去办公室的路上，时间本来相当充裕，但是鲍勃发现油箱里的油已经不多了。“不知道现在去加油来不来得及？”他心里盘算着。

他开进了最近的一家加油站，加油站里挤满了人，他已经很长时间没有见到加油站里有这么多人在排队了。前面那对老夫妇慢吞吞地加完油付账，他等得不耐烦地用手指敲着方向盘。

8 点 4 分，“永远迟到的经理人”鲍勃把车停在了他的专用车位，然后冲进大楼，直接赶往效能官的办公室。一位信心十足的女士和他打招呼。他猜她的年龄只有 30 岁左右。

“很高兴和你见面，鲍勃。”

“我也很高兴认识你。”鲍勃熟络地说。

效能官不多啰唆，立即进入主题：“我猜，你一定想不通，效能官到底是干什么的！”

“被你说中了。”鲍勃承认。

“这个职位是戴维和我设立的。他很关心如何帮助员工取得好的表现。他一向认为，如果要在人品和才干之间作一个选择的话，他会选择人品，因为他觉得很难把价值观教给大家，而才干学起来应该比较容易。对此我也很有兴趣，但我知道，心地善良的人有时脑袋不好使——恕我用这样的字眼。他们可能心存善念、乐于助人，却无法在绩效上反映出来。多年来和他们共事的人，可能在如何服务顾客和与他人共事等方面，给他们灌输了一些错误的观念，于是这些错误的观念阻碍了他们，让他们无法为公司的成功经营做出重大的贡献。换句话说，他们的良好品行卡在内心深处，不曾化为可圈可点的绩效。

“身为效能官，我的工作是帮助好员工了解什么是真正重要的事情；不仅在工作上如此，生活上也一样，以此引导他们帮助自己和他人成为赢家，并且达成必须实现的目标。”

“我要怎么学习呢？”鲍勃问。

鲍勃一时拿不定主意，不知道是不是该说出心里的疑问。不过，他最后决定一吐为快：“你的意思是说，公司现在奉行某种宗教……而我必须改信这个教？”

效能官亲切地笑着说：“这只需要自省。我们希望你深刻思考自己是什么样的人、为什么想待在这里、如何作出更大的贡献，以及如何在这里丰富你自己的生活、让我们的公司成功和让顾客满意。我们越来越清楚地看到，本公司最优秀的人才就是那些了解自己的人，因为他们肯花时间探讨自己的想法、感觉、梦想和目标。最后，他们知道善用每一天的每一秒、每一分、每一个小时，继而成为准时达成目标的人。他们不仅实现了自己的目标，也实现了公司的目标。”

她说的这些话，我以前竟然想都没想过，鲍勃心念微动，脸上明显闪过疑惑的神情。

效能官又说：“这需要高尚的原则、忘我无私的行为以及愿意改变人生的态度，进而提高我们员工和公司的效能。说真的，我们坚信，优秀公司最要紧的工作，就是帮助员工更上一层楼，超越原来的渴望。离开本公司到另一家公司服务的人，能为新雇主所效力的事，一定多于刚进本公司的时候。”

这个闻所未闻的新观点，深深吸引着鲍勃……对企业文化而言，这是全新的东西。戴维请人来当效能官的这个决定，也许真的很不错。

“其次，优秀的公司在为顾客提供服务时，绝对是一诺千金；不但做得到允诺的事情，按双方同意的价格准时交货，甚至有过之而无不及。顾客总是希望在他们需要的时间和地点，以合理的价格获得高品质的产品，就算经济形势恶劣到了极点，这也是我们培养顾客忠诚度的原则。”

她接着说:“第三，优秀的公司会尽其所能，帮助供应商生存下去。不赚钱的供应商可能无法帮助我们达成未来的目标。当然在购买原材料的时候,我们总是希望得到最低的价格，但可不想因此榨干供应商。我们也期望他们赚到合理的利润，所以会尽力按他们的条件付款，而不是按我们自己喜欢的条件行事。”

“这么说,我之所以被留职察看,而不是卷铺盖走人的原因，是要看我能不能培养和接纳这种正面的哲学？”鲍勃试探地问。

“一点也没错,鲍勃。这些年来,公司在你身上投资了不少，因此，你是公司宝贵的资产。我想，你一定知道，我们所处的行业不能只求实现短期的目标，我们当然有长远的打算。我们盼望公司不但能生存下去，还能繁荣壮大，因为这么一来，每个人都将是永远的赢家。满足顾客的需求、争取供应商的鼎力支持、彼此尊重和以公平诚信的态度对待对方、建立准时达成目标的内部团队，才能确保我们的将来。我们公司不需要任何最后一分钟经理人。其实，只要达成那个目标，我们自然不会有最后一分钟员工。”

这里头一定有什么阴谋，鲍勃一边思索最后一分钟经理人的含义，一边暗忖。

“我应该怎么做，才能帮助公司达成目标？”鲍勃问道，语气诚恳。

“很简单，鲍勃，最好是公司所有的员工，都了解和支持我所说的 3P 策略。”

“人力资源部主管也谈过 3P 这种东西，但是老实说，我搞不清楚它的意思。”

“说穿了，其实简单得很，鲍勃。你知道，我们行业的变化很快，我们走的不是慢车道。为了避免沦落为最后一分钟公司，我们必须用正确的解决方案，在正确的时间站在正确的地点上。所以说，我们必须确定公司里每个人都待在同一个团队里，玩着相同的游戏。任何人在做决定时，如果不是根据 3P 策略，对公司将是弊大于利。”

鲍勃的好奇心被撩拨了起来，他问道：“什么是 3P？”

效能官一时语塞，稍后才说：“抱歉，关于这个问题，我答不上来。”

“一脸迷惑的经理人”鲍勃坐在那边，瞠目结舌。

效能官笑着表示：“我不是在开你玩笑。我的意思是说，你必须了解 3P 是个过程，不只是一张清单，或者是一个问题的答案。我们一步一步来。”

“那么，你要先告诉我第一个 P 是什么？”

“没错。”

效能官在桌上按下一个小按钮，霎时办公室开始上演一出科技秀。灯光暗了下来，投影幕从天花板缓缓落下，充满神秘感的怪异音乐从四面八方涌进耳膜，投影仪将色彩艳丽的影像投射到屏幕上。屏幕上只有一个英语单词，而且四处移动跳跃，旁边围绕着鲜明的月晕效果——那个单词是 Priority（优先要务）。突然，这个单词伴随着震耳欲聋的音响效果烧了起来，然后嵌进一块石板中。

真是的,这个地方是不是快变成狂热教派的大本营了?“满腹狐疑的经理人”鲍勃心里直嘀咕。

说时迟那时快，影像消失了，音乐随即沉寂，屏幕也缩了回去，灯光渐渐恢复明亮。

“就这样？”鲍勃问，“第一个 P 就是优先要务？”

“没错！精彩吧？”

“想忘掉也难。”鲍勃承认，带着狡黠的笑容。

“整个概念就是这样。”效能官言下之意，表示她已经解释完了,“在这里工作的每一个人,都必须了解他或她的优先要务,绝对不能忘记。”

“那到底是什么？”鲍勃问。

效能官伸手到桌子左边的抽屉里,拿出一个信封,交给鲍勃。

“这是你今天晚上的家庭作业。吃完晚饭后，找个安静的地方，填完这份问卷，明天再带来给我，同一时间见。”

“答题正确的话，我是不是可以从留职察看的名单上剔除？”鲍勃是直脾气，想到什么就说什么。

“其实并没有所谓正确的或错误的答案，鲍勃，那只是你的答案。”效能官边说边站起来，显然表示会晤已经结束。

鲍勃将信封夹在腋下，起身和效能官握手说：“明天见。”

第四章
要事第一

—

Chapter Four

时间的浪费不同于资源的浪费，

因为它是无法挽回的。

——亨利·福特（福特汽车公司创始人）

第一次测验

最后一分钟经理人鲍勃回到家后，妻子对他说，孩子们吵着要吃比萨，所以他们点了最大的一种什锦比萨，调料很多的那种。接着，妻子想听鲍勃讲讲上班的一切细节。

“今天和那个首席什么官见面，结果如何？”她在吃第一片比萨和第二片比萨之间开口问道。

“效能官。”鲍勃满嘴干奶酪，口齿不清地说，“进行得很顺利，我猜。”

“什么意思？”

鲍勃吞下嘴里的比萨，回答说：“她看起来像是很认真的人。我的意思是，她真的很关心公司和所有员工，但是关于那套‘程序’，很多方面我并不懂。”

“比如说……”

“好吧！例如，她告诉我第一个 P 是优先要务后，交给我一个密封的信封，看起来好像是某种测试。晚饭后，我必须找个安静的地方，答完那些问题。”

“听起来似乎是很特别，”妻子同意他的看法，“可是，你不是说有 3 个 P 吗？另外两个呢？”

“毫无头绪。我想，她明天会告诉我。”

吃完晚饭，鲍勃帮忙清理桌面。孩子们终于陆续上床后，他坐到书房的桌子前面，打开信封，心想：一定是很长的试卷，也许有十几道尖锐的问题。结果，他只抽出了一张纸，上面除了要写上姓名和答题日期外，问题只有两个。

鲍勃盯着这份清单，苦思半天：我应该揣摩效能官的心意，按照她想要的方式来排优先顺序呢，还是依照我真正的想法？他迟疑不决。

他又考虑了一下，心想：应该把事业放在第一位，家庭摆在第二位。毕竟，没有事业，哪能养家？

他花了一番工夫，填了又改，改了再填，好不容易才排好他的优先顺序：休闲 / 运动排第六，信仰 / 精神生活排在最后。他想：这样可能完全不对，因为感觉她好像是在家修行的居士……

鲍勃接着看第二个问题，这个问题似乎比第一个更怪。

鲍勃长久以来相信“工作至上”，而他最关心的事，莫过于做好老板要求的工作，所以他把和老板开会以及和重要的客户见面，排在早就安排好和朋友晚上外出聚会、和另一半约会之前。然而，孩子的运动会或音乐会以及家人生病事项，却令他迟疑不决。他心里琢磨着：这些事情的重要性实在难分高下。不过在这张清单上，不用脑子想也知道，私人医生的约会应该排在最后，这件事可以等一等。毕竟，他想，他以前也老是叫我等他。

鲍勃填完之后，发现最后有一行指示：

交回这份问卷之前，请查一下字典，了解“优先要务”的意思。

也许应该先做这件事才对，他一边这么对自己说，一边从书架上抽出字典，很快就翻到了那个单词。第 1131 页上的定义是：

优先要务：

1. 比较早或者比较重要，在排序或排名上靠前，居于第一位的权利；
2. 比另一个项目或考虑事项重要的某件事情。

果然和我想得不差。鲍勃稍微背了一下定义，才将字典放回书架上，再把问卷塞回信封里。

终于可以上床好好睡个觉了。然而，一个令人不安的念头突然浮上心头：要是她不喜欢我的答案，会有什么不好的后果吗？

问题一：

请在以下的个人和工作优先要务前面，填入数字 1 ~ 7，排出它们的先后顺序；1 代表最重要。

[　　] 健康和体能

[　　] 信仰 / 精神生活

[　　] 事业

[　　] 夫妻和（或）家庭生活

[　　] 朋友

[　　] 教育 / 知识

[　　] 休闲 / 运动

问题二：

请根据你今天的状况，排出下列事件的优先顺序。换句话说，如果这些事件同时出现在你的“待办”清单上，哪项会上升到最高位置？

[ ] 三个星期前就已经约好要去见私人医生

[ ] 孩子（或者是侄子或侄女）的运动会、音乐会或朗诵比赛

[ ] 家人急病

[ ] 应老板的要求安排好会议

[ ] 好和一位重要的客户见面

[ ] 早就安排好和朋友晚上外出聚会

[ ] 和丈夫、妻子或者心上人约会

第五章
刻不容缓，立即行动

—

Chapter Five

有人告诉我他一周工作 90 个小时，

我会说，你完全错了，

写下 20 件每周让你忙碌 90 小时的工作，

仔细审视后，你将会发现，

其中至少有 10 项工作是没有意义的，

或是可以请人代劳的。

——

杰克 · 韦尔奇

否 认

最后一分钟经理人鲍勃事先和效能官安排好的会面，差一点又迟到了。但他早就准备好了绝佳的理由，大可用来说明为什么他像疯了一样，气喘吁吁地冲进她的办公室。

听说鲍勃遭到留职察看——他妈妈打电话来，扯起陈年旧事说——当初要是听她的话，去读医科——不，拜托——现在一定更有成就。“医生赚的钱，远远多于从工程师转职为经理人，”她语带责备地说，“你早该听老妈的话。”

谢天谢地，效能官似乎没有注意到鲍勃正喘着大气进门。她请他坐下，马上进入正题：“鲍勃，我相信最后一分钟经理人具有三个致命的特征，而凡是做事拖拖拉拉的人，都具备这些特征，但它们不一定是拖拉造成的。其实，它们往往是原因所在。”

又听到最后一分钟经理人，鲍勃倒抽一口凉气，担心效能官又要数落他的不是。

“首先，”效能官继续说，“做事拖拖拉拉的人，老是迟迟不去理清优先要务。他们一直很忙，却经常忙错事情。针对重要的事情应该采取的行动，他们一拖再拖，结果优先项目经常被延误执行，造成了迟延上的问题。”

“我懂。”鲍勃说，却不敢直视她的眼睛。

“其次，就算他们定好优先顺序，也是东做一点、西做一点，以为同时着手所有的事情很重要。结果到头来，他们抱怨有太多的漏洞要补，又造成了工作质量上的问题。

“最后，不管做事拖拖拉拉的人肯不肯承认，他们的确给自己和他人制造了压力。他们只会漫无目的地四处乱跑，到了最后一刻才赶着把事情做完，也因此带给别人压力，因为做事拖拖拉拉的人，究竟能不能在期限内完成工作，总是叫人提心吊胆，说不定还必须帮他擦屁股。”

“所以说，做事拖拖拉拉的人，问题在于延迟、工作质量不佳、给自己和别人制造压力。”鲍勃插嘴说。

“一点也没错。”效能官说，“优先要务——第一个P，对延迟的影响最大。有了这层认识之后，那么，你的家庭作业做完了吗？”她问。

“做好了，”鲍勃边说，边把问卷递给她，“不过，里面只有两道问题，倒是出乎我的意料之外。”

效能官没答腔，低头看着鲍勃的答案。他只好等着……继续等着。过了一会儿，效能官把那张纸放下，带笑望着他。

“可不可以告诉我，”鲍勃有点踌躇，“我的优先顺序排得对不对？”

“我昨天跟你说过，这些答案没有所谓的对或错。优先顺序不断在变化中；我们不可能拟出一张清单后，永远遵循不悖。这张清单一定是会变的。”

“麻烦你解释一下。”

“你是不是曾经去过医院的急诊室？”

“有，”鲍勃回答，“我儿子杰瑞德去年打棒球时，滑向本垒板撞上捕手，手臂因此断了。我们在急诊室枯坐了几个小时，好不容易才有人过来看他。那真是不愉快的经验。”

效能官脸上出现同情之色，说：“在他们看来，手臂断了不算什么大不了的事，是不是？”

“显然他们是那么认为的。”鲍勃点头。

“当然了，等那么久的原因也是检伤分类护士造成的。”

“我听过‘检伤分类’这个名词，但是从没弄懂那到底是什么意思。”

“这名词最早是在战场上使用的。基本上，这套制度是根据紧急状况、受伤的严重程度、患者的生存概率，决定对伤者施以治疗的优先顺序。在医院的急诊室里，车祸的患者很可能排在手臂断掉的你儿子的前面接受治疗。”

“没错，但这和职场有什么关系？”

“我们期望阿伽龙的每一位员工，都能对每项活动做好‘检伤分类’。唯有如此，重要的事情，也就是优先要务，才会永远被优先加以处理，而不是按照先来先办的方式去做。知道什么事情最重要的人，在处理这些优先要务时，很少会有延误的情形发生。”

鲍勃脸上出现“愿闻其详”的表情。

是	或许	否
想做而且必做	想做但是不必做	不想做而且不必做
必做但不想做		

效能官接下来指着墙上的一张表（见上表），说：“我相信，所有人每天的活动，都可以分成四类。”

- 想做而且必做的事
- 必做但是不想做的事
- 想做但是不必做的事
- 不想做又不必做的事

“前面两项放在‘是’那一栏，第三项放在‘或许’栏内，第四项放在‘否’那一栏。最后一分钟经理人最糟的行为，就是真的去做‘否’那一栏里的事。下场会很凄惨！”

“看得出来。”鲍勃表示同意。

效能官接着说：“‘想做而且必须做’的事，做起来很容易；‘想做但是不必做’的事，做起来也很容易，因为可以获得个人的满足感。今天我的清单上，有一件‘想做但是不必做’的项目——我想去打高尔夫球，可是如果去做那件事，一定会干扰到清单上其他的‘必做’项目。”

“听起来很有道理。”鲍勃同意她的说法……他不禁想起自己以前做事经常颠倒次序。

“鲍勃，我注意到你第一道题的答案中，健康和体能排在中下重要的次序。对你来说，那可能是‘必做但不想做’的项目。”

“你说得也许没错。我老是觉得，重复性的运动实在无聊透顶。不过，最近我去健身俱乐部的兴趣提高了，而且我发现，清晨散个步的话，整天都会更有精神。因此，运动似乎可以排到‘想做而且必做’那一类里。运动可以振作精神，晚上也睡得比较好。”

“太好了。”效能官语带嘉许地说，“但是在第二道题的答案中，你却把和医生的约会排在清单的最下面。”

“是啊！我想我是这么答的，没错。”

“如果你的身体健康状况不错，我可以理解为什么你可能取消和医生的约会，宁可去参加社交活动或者和客户见面。”

“唔……我的身体相当健康。”

“好消息。但是，如果看医生是为了确认所谓的化学治疗法有没有成功地杀死体内的癌细胞，那你会怎么做？”

鲍勃毫不迟疑地回答：“这样的话，看医生可能是日程表上最重要的事了。它会是‘想做而且必做’的项目。”

“对极了！另外一个例子是晚上外出聚会的对象，如果是第二天将移民到新西兰的朋友，彼此再见面可能是好几年以后的事了。”

“那么，我也会把这件事的重要性往上提。”

“所以说，眼前的状况，你对目前状况的了解，将决定你的优先顺序。”

“我想是这样。”

“我们的目标是确定在这里工作的每个人，都能了解到优先要务是会变化的。我们的指导原则是，我们必须知道该做什么事，也要知道什么时候去做。”

“可否说得再清楚一点？”

“好的，我会尽量解释清楚。人们经常给自己制造一些毫无意义的细枝末节的小事，然后让这些事情爬上优先要务清单的上层；更糟的是，他们任凭别人为他们制造杂事。如果你和上级之间能够培养出开放、坦诚的关系——这是我们公司极力鼓励的，你就会质疑那些看起来不是很重要的任务指派。接下来，你们两人必须一起做分类的工作，把那些不是很重要的任务从清单上剔除。”

“你的意思是不是说，其实有些事情，我根本连做都不必去做？”

“没错。拿我个人的例子来说，在我来这家公司之前的上一份工作中，我本以为该我管的事情里面，最重要的是看完堆在我桌上的所有业界期刊。其实，这正好给自己制造了一件无足轻重的工作项目。最后，我终于理解，这些堆积如山的资料只会让我看得筋疲力尽，却忽略了更重要的待办事情。”

“哎哟！糟糕，我也犯了同样的毛病。”鲍勃心虚地说，“现在回想起来，翻阅数百页的资料以后，很少能从里面学到什么有用的东西，这样看来我可以把‘阅读业界杂志’这件事从清单上删掉。”

效能官笑了起来：“我想，许多刊物的确有一些实用的东西，但是如果某些观念真的那么惊天动地，总有一天还是会浮现在你眼前。我后来取消订阅参考价值最低的刊物，或者转送给可能比较有用的人参考。”

鲍勃点头表示同意：“我本来以为，如果能从尽可能多的来源吸收到大量的知识，我对阿伽龙而言会更有价值，所以我努力去看所有的杂志。但是，搜集那些信息并不是我的职责所在，管理生产流程才是。”

效能官也点了点头：“许多经理人相信，只要做事就有生产力，而且有了生产力之后，就会有成果。所以他们拟定一份很长的待办事项清单，接着做完所有这些事情，扬扬得意地相信自己的生产力很高。等到他们终于发现，竟然没有得到可圈可点的成果时，他们便大惑不解。毕竟，这些大忙人可是丢下耙儿弄扫帚，没有稍事喘息的一刻，而且已经一一做完待办清单上的任务。不过，与此同时，真正要紧的事却被遗忘到一旁，而且他们没有把任何一件事情授权下去，也没有针对自己的待办事项做分类的工作，结果注定要当最后一分钟经理人。这其实是一种否认的形式。”

“否认？”鲍勃不解。

“鲍勃，你知道美国成人的头号杀手是什么吗？”

鲍勃想了一下，说：“我猜是癌症。”

“答得好，但是再猜。”

“心脏病？”

“是有这种可能。还有没有其他的答案？”

“中风？”

“也许是吧！”

“算了，我放弃。”

一丝哀伤的神情闪过效能官的脸庞。“我个人相信，否认是头号杀手。”

“否认？”鲍勃边思索她的话边问。

“是的，”效能官的泪水在眼眶里打转，她说，“我们刚刚谈过，如果是为了检查癌症治疗的进展，对你来说，和医生约好的问诊时间便显得很重要……”

“没错。”鲍勃承认。

效能官强忍情绪，继续说：“家父就是死于否认的。两年多了，他的肚子疼痛不已，并在日记里写下了这件事。他去世后约3年，家母看了他的日记后才发现了可怕的真相。在自己的健康问题上，家父是最后一分钟经理人，他不知道如何排定优先顺序，因此，他没有做定期的结肠检查，以便早点发现癌症，反而陷入了一种否认的状态。后来，他终于去看了医生，可惜一切为时已晚。结果他忍受了4次漫长的手术，在医院里待了10个星期，在疗养院待了两个月，然后与世长辞。他是死于否认，死于最后一刻才对急迫的状况寻求解决方案，不是死于癌症。”效能官拭去泪水，又说：“抱歉，我不应该在我们见面时，谈这么沉重的往事。”

鲍勃深表同情。“没关系，”他说，“听到令尊的故事真是令人难过。在你心里，他一定很特别。”

“正是。我的足球比赛、钢琴独奏会，他每一场都到。但是小学升中学的毕业典礼，他缺席了。在这之前的两个星期，他就已经溘然长逝——可以说是到了最后一刻。到现在我还是很想念他，非常想念。”

鲍勃和效能官沉默良久，空气好像凝固了。

效能官终于再度开口说：“因此，优先要务强调的是分类，以及确保你时时盯紧那些最重要的事情。这可以帮助最后一分钟经理人克服延迟的毛病。”

“那工作质量不佳和制造压力这两个特征呢？”

效能官面带笑容说：“别忘了我们还有两个Ｐ！”

第六章
执行任务清单

—

Chapter Six

如果说办公室

是我们每天浴血奋战的战场的话，

那些习惯于拖拉的人就是伤兵，

他们无法完全发挥出自己的作用，

或者说根本没法上战场。

——

卡莉·菲奥利娜（惠普公司前 *CEO*）

第二个 P

“鲍勃，告诉你一个好消息，有一个非常有效的方法，可以用来决定我们面对的各种选择；这个方法可以让我们知道要去做什么事，以及什么时候去做，可以让我们把优先要务的顺序排好。这就是第二个 P 的秘密。”

效能官按下她的魔术钮，灯光暗了下来，投影屏幕缓缓落下，缥缈的音乐开始响起，又有一个英语单词跃上屏幕活蹦乱跳，然后嵌进一块石板中。

我已经开始熟悉这些模式了——当那个单词刻在石板上的时候，鲍勃这样告诉自己。

“合宜（Propriety）。”

“这就是第二个 P。”效能官难掩自豪之情说，“有什么问题吗？”

鲍勃略显迟疑：“只有一个问题。这个单词是什么意思？”

“你要我的定义……还是辞典里的定义？”

“辞典的好了。”

效能官并没有去翻辞典，因为其定义早已牢记在她脑海里。她说：“有三个意思。第一，它指的是‘合适或适当的品质或状态’；第二，‘行为或道德的正确性’；最后是‘符合公认的标准’。”

“和我心里想的意思差不多，但是不瞒你说，我已经好几年没用过这个词了，或许从没用过也说不定。它看起来像是老古板的字，道貌岸然，而且已经落伍过时了，很像是维多利亚时代的东西。”

效能官边笑边承认说：“你说得没错，鲍勃，它的确是个老古板的词。记忆里，在我成长的过程中，我父母也不曾用过这个词一次以上，但是我实在找不到另一个字，能以‘P’开头，更能确切表达‘合宜’的意思。这个词本身可能有点呆头呆脑、不合时宜，但它代表的概念却十分现代，而且充满活力。”

鲍勃思索着她的遣词用字，然后说：“我想，恐怕还有什么测验，会跟着这个词而来。”

“你错了，没有。但我有一本小讲义要给你，让你带回家研读。”效能官交给鲍勃另一个信封，然后说，“这是我们公司刚出炉的全新‘正行条例’（Bill of Rights）[1]，总共有7条，定义了从现在开始‘合宜’在我们心中的意义。本公司每一位高

[1] Bill of Rights，原为人权法案、人权条例的意思。——译注

效经理人都必须恪守不渝，才能取得成功和获得高效的生产力。今天晚上就开始读吧！明天早上再谈。明天同一时间见好吗？”

“太好了！我会来的。”鲍勃说。但是下班时，他边打包电脑，边在心里嘀咕着：我真怀疑，公司的每个人都接纳这个计划的可能性到底有多少。

第七章
做正确的事，得到正确的结果

—

Chapter Seven

拖延往往是最可怕的敌人，

它是时间的窃贼，

它还会损坏人的品格，

败坏好的机会，

劫夺人的自由，

使人成为它的奴隶。

——

奥里森·马登（美国《成功》杂志创办人）

正行条例

和效能官的第二次见面，令鲍勃万分紧张，于是他决定在回家的路上，先绕道去一下健身俱乐部。虽然他不喜欢僵化的例行运动，最近却开始经常去健身俱乐部。上路之后，他用手机打电话给妻子，想先向她说一声，但是没人接听，他只好在答录机上留言。

他做了全套的例行运动后，累得半死，接着又在温泉池和桑拿房里，待了比平时更长的时间，好让自己既休息又舒缓身心。在更衣室换衣服的时候，他顺便收看 CNN（有线电视新闻网）的节目。温泉池、桑拿房和 CNN，也许是吸引我终于经常来健身俱乐部的原因，他这么告诉自己。

这几天，他有重新充电的感觉，心情无比舒畅，因此在开车回家的路上，他开车的速度竟比规定的限制时速慢了整整 10 英里。对“经常风风火火”的鲍勃来说，这种行为可不多见。

他进了家门，发现家里空荡荡的：老婆不在，女儿不在，儿子也不在。他们都到哪里去了？于是他打开电视看 NBA 球赛。球赛进行到第四场的时候，鲍勃的家人才陆续进门。

“爸，你到底跑到哪里去了？”女儿带着质问的口气，半吼半哭地冲回她的房间。

“嗨！爸，很精彩呢！”儿子从冰箱里抓了一块冷比萨，走回他房间时说，“我们都在猜你到哪里去了，你答应过要去看的。”

突然间，鲍勃觉得自己好孤单——除了摆着一张臭脸、好像伺机要扑过来的妻子就在不远处，令他毛骨悚然。

“好吧！鲍勃，我们直话直说。难道你从不看手机吗？你怎能忘了米歇尔的排排跳集体舞比赛，这是多么重要的事！”

“在今天晚上？”“完全搞不清楚状况的经理人”鲍勃问。

“是的，鲍勃，就在今晚。我不知道为什么这件事没有排在你那闪闪发亮、崭新的优先要务清单上。你好像每件事情总是要等到最后一刻才参与——如果参与了的话！”

妻子说完，气得转身上楼回房。这些话深深刺痛着鲍勃的心，尤其最后两句还萦绕在他耳际：“我对你失望透顶，鲍勃，孩子们也是。”

鲍勃呆呆地坐在那里。妻子上楼前说的话，对他来说有如万箭穿心。无数思绪顿时在他脑海中飞旋。

我是那么坏的丈夫吗？

我是那么糟的父亲吗？

我是那么差劲的员工吗？

我真的是最后一分钟经理人吗？

鲍勃沉浸在他的思绪中，既自责又悔恨不已。这时，妻子悄悄下楼来了，不声不响溜进客厅里。

“对不起，鲍勃。我不应该对你那么凶，但是米歇尔听到你要去看她的跳舞比赛时，高兴得要命，结果你竟然没到，她当然很伤心。”

“说对不起的人应该是我。”鲍勃说，“我觉得自己糟糕透了。”

“你并不差，鲍勃。”她边说边伸出手抱着他，“你只是现在刚好碰到很多烦心的事罢了——我们都是，而且那位所谓的效能官，并没有让日子变得好过一些。”

“还不能这么讲，”鲍勃表示，“我觉得，她可能正在帮我从不同的角度来看事情，只是没帮到今天晚上的忙而已。其实，我今天又拿到另一封神秘的信件。不管里面是什么，等一下都要把它看完才行。我并不在意整个程序有多怪，我一定要坚持到底，希望把留职察看的污点洗刷干净。去他的，从现在开始，我不要再被人家称为最后一分钟经理人。”

鲍勃走向书房，打开信封后抽出一张纸，这次他不用回答任何问题。那张纸上只列出短短的几行字，要他好好思考一下。

合宜：正行条例

- ○ 做正确的事情
- ○ 为正确的理由而做
- ○ 和正确的人一起做
- ○ 在正确的时间做
- ○ 按照正确的顺序做
- ○ 尽心尽力去做
- ○ 做了之后有正确的结果

鲍勃再三细读这些字眼，并且比照先前发生的事情：

如果它们的意思和我想的一样，那么今晚我对家人做了很不应该的事；我显然没有做正确的事。所谓正确的事是指观看米歇尔的比赛。我只要花10秒的时间检查日程表，就一定会记得要去那里的。至于正确的理由，因为她是我的女儿，而且盼望我去看她的表演。正确的人？嗯……那当然是指家人。毫无疑问，每件事情我都是在错误的时间、按照错误的顺序去做，并且得到错误的结果。我想，我必须道歉，而且要尽心尽力地去道歉。

鲍勃把那张纸塞回信封，起身走到女儿的房间，搂着女儿的肩膀说："米歇尔，我实在不知道如何告诉你我心里有多难过，竟然会错过你的比赛。一切错都在我身上，我找不到任何借口。我不知道要怎么弥补你，但我尽力去做。我可以保证一件事，你会看到我的行为有所变化。我要成为你生命的一部分，并且做你深爱并引以为豪的父亲。"

米歇尔含着泪水抬头看他："谢谢，爸爸。"

这个世界刹那间明亮起来，鲍勃边想边走向儿子的房间，把今天晚上该道歉的话都说完。他好不容易有时间爬上床，躺在妻子身边；两个人默默无语，只是紧紧拥抱着。

"决心更加坚定的经理人"鲍勃提早 5 分钟走进效能官的办公室。但愿她会注意到！鲍勃心想，可惜她没有注意。就算注意到了，也没说什么。

"你对第二个 P 有什么心得？"她问。

"从我个人昨晚的亲身经历来看，我发现'合宜'有助于确定什么是优先要务，也告诉了我们该做些什么事，以确保所做的事情获得高品质。”鲍勃充满信心地说。

“说得好，正是如此。”

“我想，我可能需要一段时间多做练习，才有办法持续不断地把正行条例运用到所有的优先要务上。”

“的确如此，”效能官同意他的看法，“但是如果你和我一起研究下去，我发现一些其他特别的方法，可以帮助你做到那些事。”

“什么方法？”

“举个简单的例子来说，我准备每天开始发送语音邮件给有兴趣的同事，而公司里的任何人，都可以拨打一个特别的分机来听。我从多种渠道，收集过各种各样历久弥新、可以改变人生的智慧小语，我将在简报信息中和大家分享。”

“能不能举个例子，那些小语大概是什么样子？”“仍然有点怀疑的经理人”鲍勃问道。

“没问题。我想，你也应该听过‘种什么树，结什么果’这句话。”

“我听过‘种瓜得瓜，种豆得豆’，对不对？”

“没错。当然了，这不只是指种玉米、大豆或者小麦的结果，而是适用于一般的人生。孩子小的时候，如果父母不花些时间陪他们，教他们是非善恶的观念，倾听他们的想法和梦想，就不能期待他们长大成人之后，彼此有相当融洽的亲子关系，也不能指望子女做出好的决定。所以这是优先要务。”

“有道理，”“仍有罪恶感的父亲”鲍勃说，“而且我想，你可以说那种观念经过时间的洗礼而经久不衰。”

“那么，这个观念又如何呢？‘错上加错，并不会变成对’。”

“我也听过这句话。”

“根据‘正行条例’，我们把这句话改成‘对上加对，并不会变成错’，听来也很有道理。不管你面对什么样的决策，如果能在眼前的状况中，用到两个或更多个‘对’，那么你犯错的可能性便很低；把更多的对带到眼前的状况，结果可能更好。”

“这个观念很有意思。”鲍勃马上附和道。

“还有另外一个观念，‘你想怎么被人对待，就得怎么对待他人’。”

鲍勃立即接口：“我们第一次见面时，你就提到了，也就是‘己所不欲，勿施于人’。”

“你又说对了。重要的是，这是历久弥新的真理之一，可以作为本公司现在和未来经营事业的指导方针。太多的企业是根据‘人待你好，你才待人好’的原则在运作。”

“说得没错。”鲍勃点头。

“本公司的长期目标是尽可能确保人人皆大欢喜，包括我们的客户、供应商、同事，是的，甚至还有我们的经理人和高层主管。我们的新目标将是确保绝不再发生劳资纠纷。员工必须信任管理阶层，反之亦然。”

“真是让人感动的目标！”“大受感动的经理人”鲍勃叫出声来。

“了解自己的优先要务与合宜的原则，以及它们如何契合在一起，并不是那么叫人感动的事。”

“不过，公司以前可不曾用这种方式来思考，我想，这是我大为惊讶的原因。”

“也许你猜得到，其实我早上发送的大部分电话信息，是把我的智慧小语运用到3P和正行条例中。”

“那么，我想，关于正行条例的所有要点，你都有了明确的定义。”鲍勃试探地问道。

“当然啦！但是希望你能把你的定义给我。”

鲍勃热切地接下了这份新功课。

“你认为我们所说的做正确的事，到底是什么意思？”效能官问道。

“我想，你的意思是说，事情有对有错，你希望大家选对的事做，而不是选错的事来做。”鲍勃表示。

“我们当然这么想，但是，你又如何知道什么是对、什么是错？”

“考倒我了，”鲍勃实话实说，“也许是靠直觉？”

“好的直觉的确有帮助，不过，我喜欢使用所谓的‘道德检测表’。”效能官说，“面对可能涉及道德的问题时，是非对错可能不容易分辨。这时，我会问自己三个问题（见下页）。”

“第一个问题和合法性有关，第二个问题谈的是公平性，第三个问题则和个人的自尊有关。大部分的人只问合法性问题，但是有时候，我们做的事情虽然合法，却可能不道德。”

“能不能举个例子说明？”

“没问题。”效能官回答，“我们都看过一些实例，知道即使某些事情的会计程序合法，但是那么做的话，对员工、顾客和股东却不公平。要是高层经理人知道他们的行为将公之于众，便更加可能三思而后行。”

鲍勃想了一下她的话，才回应说：“你说得没错。合法的事情不见得是对的，必须有三个问题审核过才行，这样才有利。”

“没错，我想是这样。”效能官笑着说，“但是下一个原则——为正确的理由而做，谈起来却有点麻烦。”

“你说的麻烦是指什么？”

“这和动机有关。以马丁·路德·金博士为例，他做了正确的事，为了人权而奋斗，而他的努力是为名？为利？或者，他只是想帮千百万人争取平等？”

“为了平等。”鲍勃不假思索地说。

“对极了！虽然他不曾从自己的所作所为中获利，却名垂青史，但那也只是他致力于消除人种和肤色隔阂下的副产品。依照‘道德检测表’的箴言来看，他的目标是‘促进双赢的关系’。”

“可惜他死于刺客的子弹。”鲍勃插嘴说。

“是的。为正确的理由做正确的事，并不能保证人身安全或免于痛苦。最后一分钟经理人往往会尽其所能做一切事情，以免个人受苦受难，但是真正的领导人却是做该做的事，以求减轻别人的痛苦。”

“那么，你真的认为马丁·路德·金愿意为他的理想而死？”

“我猜，他不曾想过会以那种方式死去，但我相信，他知道自己的理想是崇高的，而且将产生深远的影响。”

“这些事情跟和正确的人一起做有什么关系？”

效能官思索片刻后才说：“我相信一谈到和别人携手共事，互动的层面便有两个：形式和本质。形式包括你们一起做的工作种类，以及如何去做那件工作。本质则在更深的层次运作：‘心连心’和‘价值观契合’。在我看来，本质优先于形式。我希望先认识那些人，之后才决定要不要和他们共同完成某件事。

道德检测表

合法吗?

- ○ 我会不会违反法律或者公司的规定?

平衡吗?

- ○ 无论是从短期还是从长远来看,对各方都公平吗?
- ○ 是否能促进双赢的关系?

. . . .

会让我对自己产生什么样的感觉?

- ○ 会让我感到自豪吗?
- ○ 如果我的决定见诸报端,我会感到高兴吗?
- ○ 要是家人知道这件事,我会感到高兴吗?

不管是公司里的工作还是社交活动，我只喜欢和奉行3P的人共事。比方说，如果与我搭档做事的人，价值观和我不同，而且不想做正确的事，两人之间可能就会发生很多冲突。我宁可和诚实守信且值得信赖的人共事。要是我告诉某人某个秘密，我可不想第二天在传遍全公司的电子邮件中看到这个秘密。”

鲍勃马上理解了她话中的含义，他说：“小女曾把一个秘密告诉最要好的朋友，想不到这位朋友却把它传遍全校，害得我女儿伤心极了。”

“任何人碰到这种事，都会很难过。”效能官同意他的说法，“其实，即使是一流的经理人，也没办法每次都挑对人；但是有些不对的事，我们一眼便可以看出来，大可不必去犯那样的错误。比方说，我们不会找汽车技师诊断我们的病情，也不会请医生帮我们调整汽车引擎。”

鲍勃笑了出来：“你说得很对。”

“同样的原则也适用于组织。最后一分钟经理人不是理想的工作伙伴。”

“心虚得不好意思的经理人”鲍勃吞了一下口水，问：“唔，接下来呢？”

“再下来指的‘做’，当然是‘在正确的时候做’，这又回到‘优先要务’的整个问题上。有时，应该去见客户；有时，要是身体可能出问题，则应该去见医生。你不可能同时做每一件事，所以需要定好优先顺序，并且在正确的时候做某些事情，工作才有高品质可言。我父亲以前常听摇滚乐队飞鸟唱的一首歌，叫作《转转转》。歌词是这样的：

万物……转转转……
皆有期……转转转……
万事皆有时。
生有时，死有时；
播种有时，收获也有时；
笑有时，哭有时。

“我喜欢这首老歌！”鲍勃笑着说。

效能官继续说：“知道‘何时为宜’很重要。如果我想生孩子，应该在什么时候考虑这件事呢？30岁？还是70岁？”

“当然是30岁。”

“一点也没错！如果我们公司想继续繁荣壮大，所有的经理人就必须深刻体会到掌握时宜的重要性。有时候，那不只是准时完工的问题，更常见的是需要提早完成。最后一分钟经理人或许能赶在期限前完成工作，但是真正有效率的人往往提前完成目标，这样才有时间精益求精，甚至追求完美的结果。”

“你的意思是，通过一些时间上的调适，让我们有机会做得更多、更好、更快、更不一样，而且，犯错的概率较低？”

“你一点就通，鲍勃！本公司最有生产力的员工知道，有些事情必须先做好，其他事情才能做得起来，或者说才应该做。他们懂得按照正确的顺序去做。”

“换句话说，先做第一件事？”鲍勃问。

“没错，”效能官同意说，“建筑工人在盖屋顶前，必须先砌好墙壁，但是在地基没打好之前，不能砌墙壁；整地之前，不能打地基，而在测量员完成工作之前，也没办法整地。测量员必须依照房子的设计图，才能取得结构图的正确资料。他们总不能让雨水沿着车道流进车库里吧！”

“我明白。几年前，我家动土兴建新房子时，曾经亲眼看到他们这么做。”鲍勃觉得她说得很对。

“所以说，显然第一步一定是计划，也就是蓝图。少了计划，不可能盖房子；正如少了计划，也不可能创立公司一样。就本公司来说，我们的计划写在‘使命声明’（Mission Statement）上，使命声明是我们存在的理由。我相信，最后一分钟经理人要不是未能了解愿景，就是没能看见那个愿景，而高效经理人总是在愿景的引领下，往前迈出步子。”

“愿景这种东西，恐怕对我不太管用。”鲍勃不讳言。

“你的意思是……”效能官问。

“我觉得，公司的使命声明讲得冠冕堂皇，却虚有其表，基本上没什么意义。它的意思大概是：我们的使命是即时供应技术上创新的产品和优异的个人服务给顾客，力求在市场上成为领先的供应商。”

“我懂你的意思，”效能官同意他的看法，“有时我觉得，写这些东西的人，只是把一长串听起来冠冕堂皇的字眼凑在一起，然后称之为使命声明。”

“我想，怪不得人们不把它们放在心里。”鲍勃补充说。

“你的意思是，越简单越好？”

“没错，就是这样。”

“那么，我有个绝佳的例子可以说给你听。亚历桑纳州凤凰城的消防队，是美国备受赞誉的消防队之一。他们有 1549 位消防队员，一年要接听 128000 个左右的火警电话，但是一年下来，通常不会有任何队员发牢骚。此外，只要接到两件投诉案，就被认为是不得了的大事。”

“真是闻所未闻，”鲍勃说，“他们是怎么办到的？”

“我有个亲戚就是那里的消防队员之一，他说他们的队长阿兰·布鲁纳希尼，担任队长已经 20 多年了。他走马上任后的第一件事，就是把几百条规定砍成少数几条，而剩下的这些规定都是非要不可的，写在一张纸上绰绰有余；另一个关键行为则是给每位队员一张卡片，写明消防队员职能的七大指针，以及服务顾客的八大要领。”

“服务顾客？那到底是什么东西？”鲍勃不解。

“布鲁纳希尼队长向队员表示，他们来这里是为了服务大众，而不只是拯救建筑物。”

“这的确是个好哲学。”鲍勃赞叹。

“这位消防队长做过的最重要决定，便是带领组织摆脱有罚无赏的环境——那样的环境导致人人‘不求有功，但求无过’的态度，并且做到言出必行。团队中的每个领导人都接到指示说，他们应该身体力行，实践自己推崇的原则。”

“也就是说什么就得做什么，对吧？”

“没错。”

“这些和使命有什么关系？”

“鲍勃，这位队长所做的事，基本上是把消防队的使命，精练成几个简单的字：防止伤害、生存、和气。”

“那是他们的使命声明？就那样？”

效能官微微一笑说：“大致说起来就是如此，但是，难道你看不出它背后的道理吗？它涵盖了不少 3P 策略；他们的优先要务很清楚，防止伤害是第一优先要务，生存紧跟其后，和气则在服务顾客时十分要紧。就这么几个字。”

鲍勃只能说：“好厉害！”

效能官继续说：“这几个字也牵涉到‘合宜’。凤凰城的消防队员为了正确的理由即拯救人命，去做正确的事，即防止伤害。他们也和正确的人一起做，这些人就是他们的队友。他们的愿景相同，也努力防止伤害，显然他们不只在正确的时候做事，也按照正确的顺序去做。他们的设备和器材平常就保养得很好，以便在实际出勤救灾时，发挥最大的效能。当他们接到火警通知抵达现场时，便会依照合适的方式部署各项设备：这些设备先用来救人，再救建筑物。所以他们先架云梯，再拉水龙头。”

“对消防队来说，这真是很棒的使命声明，”鲍勃承认，“但是为什么我们的使命声明那么蹩脚？”

“很高兴你提出这个问题，鲍勃。我们将重新制定本公司的愿景，不只揭示清晰的目的或使命声明，也告诉大家将往哪里去，包括我们对未来描绘的画面以及那些将引领我们的旅程、指导我们的价值观的东西，而你将是其中的一员。”

“什么意思？”

“鲍勃，刚刚你谈到，愿景不清不楚或者模糊不明的时候，成果也会模糊不清。要是对于自己是谁、目前置身何处、想往哪里去，缺乏一幅清晰的画面，人往往会拖拖拉拉。毕竟，如果不知道得往哪里去，对于下一步行动——也就是他们着手进行的下一件事情，能不能帮助他们到达目的地，他们根本毫无概念。”

“我想，我懂，”鲍勃大胆地表示，“除非你很清楚结果将是什么，否则为什么要去做某件事情？如果是这样的话，我想，我会去做另一件事。”

“对极了！”效能官深表同意，显然她对于听到的话很满意。“在工作上，最高的优先要务应该是去做对愿景有贡献的事。由于一天之内能用的时间就那么多，对愿景没有贡献的一些事情，包括我们昨天谈过的那些杂志，都必须在分类之后，把它们从工作日程表上删除。”

“那么，你是说，本公司会有一个定义很清楚的愿景？”“终于有些头绪的经理人”鲍勃问。

“我们一定会有的。每位员工都将参与愿景的建立，这样他们才有机会去接纳它。强而有力的愿景将根植于我们的过去，焦点则位于未来。因此，我们现在所做的每一件事，都是为了引领自己踏进未来。我们的愿景将十分清楚明白，也会以浅显易懂的字句来表达。它将帮助我们了解：我们是谁，为什么在这里，要往哪里去。要是知道将来会失火，现在就必须做好灭火的准备。”

“听起来很有道理，但是你那张正行条例清单里的其他要点，我正洗耳恭听呢！真想知道所有的要点会如何搭配成一体。”

效能官面露喜色说：“鲍勃，真高兴看到你对我们要做的事情有这么高的兴致。”

鲍勃也笑了起来：“不这样不行啊！这可关系到我能不能保住饭碗，不是吗？”

效能官笑着说：“接下来的那一个，你应该还记得，就是尽心尽力去做。”

“说到这点，你的意思一定是把你的心放进去。”“开窍的经理人”鲍勃表示。

“你又说对了！所谓尽心尽力，一部分是热心，一部分是激情，一部分是技巧，一部分是坚定地投入。不妨想想那些出色的棒球明星、优秀的奥运会运动员、顶着冠军光环的高尔夫或网球选手，他们即使失分或受挫，也绝不会减少热情。由于他们热心、有激情、受过优良的训练，并且全力投入，所以不会因为一时的挫败就止步不前。他们可能在大受打击之后，马上重回场内继续比赛。尽心尽力的球员不会一遭遇挫折就放弃。”

鲍勃想了一分钟后说：“我想，你的意思是越挫越勇。”

“当然，这是一句老掉牙的话，但是我相信，尽心尽力的意思是指环境更为艰难之际，人们有足够的动力，激励自己搬开路上的障碍。”

“哇！我从来没这么想过，”鲍勃毫不讳言，“讲得真好！”

“很高兴你有同感。我深信，并不是环境造就人，而是人创造环境。最后一分钟经理人消极无为，任凭事情发生，而高效经理人则积极作为，促使事情发生。”

鲍勃一脸迷惘说：“好吧！他们实际上是怎么办到的？”

“我相信，其中有四大关键：

- ○ 他们以身作则
- ○ 他们服务他人……牺牲自己
- ○ 他们开口请人帮忙
- ○ 他们欢迎和感谢他人的贡献

举个例子来说，我是个橄榄球迷，我注意到全国橄榄球联盟（NFL）中，真正出色的四分卫能在20秒或30秒的短时间内，做到我刚刚提到的那些所有该做的事。”

“我也很爱看橄榄球比赛，”鲍勃说，“但是，恐怕还是不太能了解你的意思。”

“我看过无数次。四分卫可能因为失分太多而饱受嘘声，而且撞得全身伤痕累累，却仍然毫不气馁，甚至马上召集其他10名球员，告诉他们下一轮进攻时，需要他们如何配合。四分卫可以指挥若定，把球传给跑卫，甚至可能需要做出阻挡的动作，好让球往前推进更多。当达阵失败的哨声响起，四分卫会称赞其他队员打得很好，然后开始指挥下一轮的攻势。”

我真的败给她了！听起来这个效能官真的懂很多，鲍勃暗忖。他提高嗓门说：“可以解释得更清楚些吗？”

“在我看来，赢球的四分卫将胜利当做终极目标，但是他们也视每一轮的攻势为胜利的一部分。如果攻势能把球往达阵区推进几英尺，向目标即达阵迈进，那么这一轮的攻势便有助于胜利；可是，如果没有得分或者漏接，甚至更糟的，被罚后退——”

“那就对目标没有贡献。”鲍勃得意扬扬地作出结论。

“又说对了，”效能官点头同意说，“等到下一轮的攻势展开时，他们又有另一次机会来促使事情发生。他们从不会不肯尽心尽力，而且在尽心尽力之后，也会激励其他团队的成员发挥全力。”

“现在我懂了！”鲍勃郑重地表示，“最后一分钟经理人太专注于眼前，结果没看到大画面；竭尽全力的球员们，则把全副心神放在球赛的作战计划上，他们不断重回球场，决心促使球队迈向终极目标，走向胜利。”

“你真的懂了，而且，我发现你说的是球员们，而不是只说球员。显然你知道，不管四分卫的球技如何出众，都无法凭一己之力赢得比赛。同时，不管球员的球技多么出神入化，或者多么投入，一旦少了优秀的四分卫，没有一支球队能够赢得比赛。”

“我知道，你一定想说，尽心尽力必须是共同愿景的一部分。”

效能官听到鲍勃这么说，显得很高兴。“一点也没错！我想，你已经准备好要听下一个正行了，也就是做了之后有正确的结果。”

鲍勃再次露出迷惑的神情，效能官只好继续说下去：“鲍勃，你是否认为，由于自己在这个世界上，所以这个世界变得更加美好？”

“是啊！我当然这么想，而且我知道，在我与其他人互动的时候，我每天所做的决定，都会影响自己达成那个目标的能力。”

“这种看事情的方式很好，但是我们不妨反过来看。鲍勃，裁员是一家公司必须面对的最糟糕的两难困境之一。毕竟，想做正确的事以及获得正确结果的经理人，都不想让忠心耿耿的员工失业。”

“那是很艰难的决定。”鲍勃深表同意。

“但是，这种事又不能不去面对。如果有一家公司或一个部门正在赔钱，而且持续赔下去的话，公司总有一天会破产。你是愿意解雇少数人以保全更多人的工作，还是会咬紧牙根，期待公司否极泰来？”

鲍勃想了一会儿，最后只表示：“就像我刚刚说的，这是一个很难做出的决定。”

“好吧！我们来让它变得更难。假使我们有理由相信，就算不裁减人员，公司最后还是能存活下来，但是，可能会有一群怒气冲冲的股东，在股东大会上一起开炮，要求我们采取激烈的措施。”

“很简单，员工的工作比股东的要求重要。”

“有这种想法挺不错，”效能官承认，“但是如果有位股东是位老人，也许是令尊或者令堂，指望靠投资我们公司的股票安度余生，这一来怎么办？裁员或者不裁员，将对结果造成什么样的影响？”

“我不知道。”鲍勃承认。

“我也不知道。你看不出来吗？所有事情都是有关联的。

若想解决那个问题，你必须把所有的正行合起来，纳入一个守时达标的决策中。最后一分钟经理人因为恐惧而动弹不得，一般来说，他们害怕做出错误的决策。因此，他做起事来拖拖拉拉，因为想要避免做任何决定，而导致每个人都可能因此受累。结果，公司可能到最后不得不遣散一些员工，股价可能迟迟不回升，导致投资人对公司失去信心，进而造成公司的经营失败，最后则是令堂或令尊失去所投资股票的每一分钱。做事拖拖拉拉就是所谓的杀手。”

“真的是所有事情全都有关联！”

“当然了，”效能官承认，“所以说，你明天的功课是花点时间想想：你在这种情况下会怎么做？决定好你的优先顺序，然后一一考虑正行条例。我敢说，你一定会提出很棒的计划。”效能官说完后，起身送鲍勃到门口。

“第三个 P 呢？”鲍勃高声问道，“你还没提到呢！它对我所做的决定，应该也很有帮助吧？”

“或许有吧！但现在还不是时候。你的功课是去把它想出来。第三个 P 将在你提出答案后，帮助你知道自己该做什么。”

真是不公平，“嘟嘟囔囔的经理人”鲍勃离开效能官的办公室时，心里嘀咕个不停。要是我知道第三个 P，对我一定有帮助。

第八章
解决问题而不是分析问题

—

Chapter Eight

我们应充分重视自己的工作，
在每天的工作中思考，
如何节省时间，
如何缩短流程，
在提高工作效率上下工夫。

——张瑞敏

内心深处的想法

鲍勃开车回家的途中，细细品味这天和效能官的所有谈话内容：如何把正行条例中的“正行”搭配起来，帮助我解决效能官交代的问题？他皱着眉思索。更深入思考的话，如何把它们搭配起来，解决任何问题？

上路后不到半个小时，车子经过一块大型告示牌，上面标示的日期是“2001年9月11日”，写着“我们永远不会忘记”一行字。

一般来说，那么久以前发生的事，现在应该越来越淡忘才是；但是，那可怕的一天闪过鲍勃的脑海时，依然鲜明得就像昨天才发生似的。

“对了，就是这样。”鲍勃突然叫出声来，因为他想到联合航空公司93号航班上，托德·毕莫尔、杰瑞米·格里克、汤姆·伯耐特等人英勇的行为，真是正行条例的绝佳例子：在正确的时间，按照正确的顺序，和正确的人一起，为了正确的理由，以无比的决心竭尽全力去做正确的事，然后得到正确的结果！

鲍勃在心里重新构建那架死亡飞机上发生的事。机上的乘客做了正确的事：为了拯救其他无数的生命，设法让飞机坠毁。他们形成正确的伙伴关系，基于正确的理由，在正确的时间——远离人口稠密的地区，而且距恐怖分子预定的攻击目标，还有一大段距离的地方，做那件事。他们按照正确的顺序去做：产生同仇敌忾的意识，拟订计划，毅然决然采取行动。他们的行为产生了正确的结果，只是他们不幸死亡，似乎掩盖了这个事实。

要是他们在下定决心，或者采取行动的时候，拖拖拉拉，也就是机上只有最后一分钟经理人鲍勃这类的人，结果很可能大不相同。那架飞机可能因此撞上白宫或者国会大厦，令政府工作瘫痪。机上英勇的乘客及时做出可以达成目标的决定，却付出如此惨痛的代价，这种舍己为人的行为，需要多大的勇气啊！

鲍勃也想起近来一些引人注目的新闻事件。他脑海里浮现形形色色的男女面孔，这些人因为错误的理由，和错误的人共事，一起做了错误的事情。

鲍勃心想：我慢慢开始了解，确定清晰明确的优先要务后，再用正行条例去筛选、过滤它们，可以帮助我成为高效经理人，但这是不是就表示，我有能力战胜拖拖拉拉、沦为最后一分钟经理人的倾向？是啊！我正是这样的人！我承认自己可能是最后一分钟经理人。

“今天和效能官谈得怎么样？”

“看事情偶尔很准的经理人”鲍勃早就知道他一进门，妻子就会问这个问题。

“很棒，”他给了一个让她安心的答案，“但是今晚有个不好对付的作业。我要在公司亏损数百万美元的情况下，想办法维持公司的经营，但是保证不裁员，而且不能让我妈在公司投资的股票赔钱。”

“你妈拥有你们公司的股票？”鲍勃的妻子听得一头雾水。

“不，她没有买我们公司的股票，我们也没有亏损数百万美元，其实我也不会碰到这种难题，不过根据我所学到的东西，或许有一天，我有能力解决这样的问题！”

鲍勃走进书房，写下这些内容（见右页）。

“突然间更加清楚状况的经理人”鲍勃顿时豁然开朗：问题只有两个，却有 3 个可能的解决方案和 5 个可能的结果，而它们的确有可能发生。我想，我有能力处理！

鲍勃不能马上弄明白的是，那两个问题都是负面的，却只有一些解决方案和结果是正面的。当他终于认清形势时，他翻出笔记本，尽最大的努力运用里面的内容。密密麻麻的笔记里，最上面的几行字是：

合宜：优先要务随时会变，所以必须知道应该做什么事，以及何时去做；把手上的任务分类。

合宜：正行条例

- ○ 做正确的事
- ○ 为正确的理由而做
- ○ 和正确的人一起做
- ○ 在正确的时间做
- ○ 按照正确的顺序做
- ○ 尽心尽力去做
- ○ 做了之后有正确的结果

这套策略解决了做事拖拖拉拉的人所面对的第一个问题：延迟。

这套策略解决了做事拖拉的人所面对的第二个问题：工作质量不佳。

鲍勃思索着优先要务的问题。我相信，这家公司仍然供应

- 公司发生亏损
- 股东们非常恼火

可能的解决方案

- 解雇员工，降低成本
- 提高产品和客户服务质量，进入新的市场，增加销售额 / 收入
- 与竞争对手合并

可能的结果

- 缩减成本拯救了公司
- 通过新市场的开拓和新产品的推出，公司形势大为好转
- 合并挽救了公司
- 尽管做了种种努力，股票还是一路狂跌，股东们开
- 始抛售股票，客户的信心直线下降
- 公司破产，所有人都失去了工作

有价值的产品和良好的服务，也提供好工作给优秀的人才。所以，我的优先要务将是协助这家公司的财务状况趋于稳定，继续供应产品、服务和就业机会。这些念头清楚地浮现在他的脑海里。接下来，他仔细检视合宜这个主题。

做正确的事——嗯，我想，正确的事应该是尽可能留住更多的员工，并且平衡这件正行和对顾客、股东应该做的正行。

接着，一个奇特的达标观念，浮上鲍勃的心头：如果我是这家公司的总裁或者财务总监，而且花了很多时间阅读业界期刊，以及从事优先性低的其他事情，那么显然我没有掌握发展的趋势。如果我确实掌握的话，应该事先看到不景气就要来临，然后通过人员自然淘汰、遇缺不补的方式，例如退休和辞职，来至少解决一部分问题。做事拖拖拉拉，可能是我目前处于困境的原因之一。没想到优先要务和正行条例结合得那么紧密，这倒有趣。

鲍勃看下去，下一个正行有了点麻烦。为正确的理由而做——工作保障当然是其中之一，但是与之相比，保障员工和投资人未来的财务状况，才是做正确的事的更好理由，鲍勃琢磨着。

鲍勃的目光落到清单的下一个项目，和正确的人一起做。我敢说在任何时候，所有员工都是正确的人，否则当初就不会被录用。因此，这家公司应该怎么做？通过人员的自然淘汰，来解决缩减人事的问题？这种事情本身发生的速度够快吗？或者，公司应该提出优退优离的办法吗？这些事情可能攸关员工的生计。做这个决定真难！

鲍勃又记下一些东西，然后继续看下去。在正确的时间做。在我看来，最后一分钟经理人不管做什么决定，都会拖拖拉拉，直到来不及为止。因此，无论我在什么状况下做决定，都必须在正确的时候当机立断：这表示要马上做决定还是暂且按兵不动，期待情势有所变化？

也许答案就在下一个“做”，鲍勃心想，所谓按照正确的顺序做。正确的顺序也许是：专注于营业额；降低高层主管的工资和津贴，借此昭告全体员工说，公司是玩真的；或是指望人员自然淘汰，最后万不得已才裁员。鲍勃再看正行条例的其余要点：尽心尽力去做和做了之后有正确的结果。他把自己的计划敲进电脑，并且深信效能官看得出这是他呕心沥血、谨慎拟订的计划。

但是，第三个 P 是什么？第二天开车上班的途中，直到去见效能官之前，他一直在想这个问题。

第九章
工作是一场胜利的赛跑

—

Chapter Nine

时间的最大损失是拖延、

期待和依赖将来。

——

塞涅卡（古罗马思想家）

第三个 P

鲍勃把他慎重拟订的计划书递给效能官，她说："很好，我们来看看。"

效能官专心看着鲍勃的计划时，鲍勃有点坐立不安，彼此沉默了一段时间。希望没有打错字，鲍勃一颗心七上八下的。

效能官终于打破沉默说："相当踏实的计划。"

"信心立即增强的经理人"鲍勃面露喜色："真高兴你喜欢它。"

"不过，只有一件事我想问清楚。"

哦！终于来了，鲍勃心想。"是什么事情？"他略微提高声音说。

"如果你是本公司的最高主管，你打算怎么去执行？"

"我准备一步步去做。"

"但是，如果它不像你所想的可以马上运作得很好，那你怎么办？"

“我想，我会更改计划，或者修正它，改做别的事。”

“大部分的经理人都会这么做，”效能官承认，“但是还有另一个选择，也就是 3P 策略里的第三个 P。”

太好了！鲍勃心想，我等不及想知道第三个 P 是什么！

灯光再次暗了下来，屏幕再次从天花板降下来，音乐的声浪再次增强，投影仪接着把影像投射到屏幕上，关键词再次在鲍勃眼前飞舞，最后停留在屏幕上，嵌入一块石板里。

执着（Commitment）

就只有这个词停留在屏幕上，没别的词了——就只有这个词。

没有“保证”（Promise）、“激情”（Passion）、“目的”（Purpose）或“自豪”（Pride），没有“优先特权”（Prerogative）、“前提”（Premise）或“深谋远虑”（Prudence），都没有。这个单词明明白白是以 C 开头。自有英语以来，Commitment 这个词的开头字母便一直是 C。

“第三个 P 怎么会以‘C’为开头字母？”鲍勃问。

效能官已经被人问了好几次这个问题。“这是帮助记忆的一种方式，”她说，“原本也想找个以字母 P 开头的词，来完成 3P 的概念，可惜找来找去，合我意的唯一一个词，开头字母就是 C。这事得从我父亲谈起。要是他知道健康是优先要务，要是他知道应该基于正确的理由，和正确的伙伴去做正确的事，并且得到正确的结果，最后的结果很可能完全不同。但是，他从没执着于处理健康的问题。”

“你的意思是说，其实找不到以 P 开头的第三个单词？”“虽然怀疑但仍有礼貌的经理人”鲍勃问。

“我查了三本字典，找不到一个能够确切表达那个意思的单词。再说，要是我给你的三个单词都是以字母 P 开头，你能够全部记住吗？”

“说得没错，可能记不住。如果我脑海中的 3 个 P 是 Priority、Propriety 和 Commitment，的确是想忘也忘不了。”

“我知道有人可能不以为然，”效能官坦承，“但是执着是这套公式中不可或缺的一部分，所以值得特别一提。”

“我认识许多意志坚定的人，”鲍勃插嘴，“但是其中一些人执着去做的事，其实是不重要的。”

“真是观察得细致入微，”效能官说，“我相信，执着于进行不重要的事情，或者做了错事的人，人生最为悲惨。《吉尼斯世界记录大全》中，多的是执着的人各种各样的成就，例如拥有世界上最大的纱球，或者吃下最多的金属。历史书和今天的报纸上，多的是执着于不义之事和犯下暴行的人。这个世界上也有执迷不悟的毒贩、至死不悔的恐怖分子、固执己见的种族主义者。”

“我想，这和拖拉磨蹭有某种关系存在，是不是？”鲍勃一副深思的表情。

“当然有。做事拖拉的人，往往因为不知道事情的轻重缓急，也无法分辨值得做和不值得做的事，结果卡在那里，动弹不得。”

“其间的差别一定是在正行条例上。”鲍勃表示。

“你说得很对，鲍勃，但是许多人不了解兴趣和执着的差别。有兴趣的人，例如对运动和健身有兴趣的人，可以找到各种各样的借口说，为什么今天不适合运动和健身，然而执着的人却不知道借口为何物，他们执意完成事情，不管发生了什么事。由于不知道执着和兴趣的不同，结果最后一分钟经理人和依赖他们的人都承受着很大的压力。”

“我懂你的意思。兴趣不一定会让人采取行动，但是执着的人一定会去做！”

效能官脸上露出笑容，接着打开办公桌的抽屉，抽出一个信封交给鲍勃。“这差不多是你的最后一份作业了，”效能官说，“不久之后，就要放你单飞了，你必须自己去实践 3P 策略。”

“要是碰到问题，还可以再来找你吗？”鲍勃问。

“当然可以。请找时间做好这份作业，明天同一时间来找我。”

“我会准时做好的，明天见！”

第十章
把工作完成在昨天

—

Chapter Ten

时间的浪费不同于资源的浪费，

因为它是无法挽回的。

——

亨利·福特

另一个思考之夜

“我早就知道这件事很有挑战性，”鲍勃的妻子得知他还有另一份作业要做之后，给他打气说，“我们一直都相信，人生中最美好的事物，最值得花费心力去做。我知道，我们之所以能有一对优秀的子女，一部分原因在于你卖力工作、步步高升，所以我可以放弃房地产的工作，专心当个全职妈妈。”

“你有没有听过那种念头，就是希望我们能在二十几岁生小孩，而不是等到三十来岁，这么一来，你就可以重回职场？”“刻意等到最后一刻才生小孩”的鲍勃问。

“不曾想过！”鲍勃的妻子回答，“老实说，我挺羡慕其他妇女在孩子成长的整个过程中，事业飞黄腾达。不过，她们也很羡慕我有更多的时间，能和孩子共享特别的时刻。我想，鱼与熊掌不可兼得。”

“我也是这么想。就像今晚，我得放弃 ESPN（娱乐与体育节目电视网）的体育节目，专心研究这个神秘信封里的内容。”

今天轮到“偶尔下厨的美食家”鲍勃做晚饭，他做了最拿手的凯撒沙拉。饭后，鲍勃钻进书房，打开信封，读到一则简短而动人的故事。

> 毕业于某小镇中学的某人，10年后回乡参加同学会。一位同学请大家参与一项简单的调查：在学校的时候，谁对你这一生影响最大？她本来以为会得到各式各样的答案，例如校长、教练、个人喜欢的某位老师，但是当调查结果揭晓后，同学们的选择显然只有一个：校工。

每天，在学生们放学回家后，校工必须打扫教室、擦黑板。他只念到小学四年级，在黑板左上角写了三个简单但拼错的词：你必须想要(YA GOTTA WANNA)。这句话激发好几代学生“想要”，而如此简单的一句话，却引出了两个问题：

你想要做什么事？

为什么想做那件事？

鲍勃把这个故事深思了好几分钟，然后才刷牙上床睡觉。当他躺在床上时，一时还睡不着。他一再问自己：我想要做什么事？为什么想做那件事？

第二天，“少了一半睡眠时间以致精神不济的经理人”鲍勃，拖着沉重的脚步，提早两分钟跨进效能官的办公室，跌坐到最靠近他的一张椅子里。

“我会告诉她你到了，”效能官的助理说，“但是除非你真的到了。”

鲍勃一脸迷惘地看着她。

她笑着说：“你一定已经到了‘你必须想要’的阶段。”

“你怎么知道？”

“这个阶段总是叫人辗转反侧、难以成眠，”她答道，“才两个星期，我就已经见到四次这种情形了。”

真不知道这位效能官到底折磨过多少人？

效能官请鲍勃进她的办公室。鲍勃凭直觉感觉到这是整套程序中最后一个阶段。

“你有什么想法？”效能官单刀直入。

“我想，我必须想要。”鲍勃有气无力地说。

“你不能说你想，你自己想要；你必须真的想要才行。这就是第三个 P 的作用，也就是执意去做。我看过一句金玉良言这样说：凡你手所当做的事，要尽力去做。[1]”

---

①见《圣经·传道书九：10》。——译注

“很棒的想法，但是本公司的管理阶层到底期望我执意去做什么？”

效能官考虑了该如何遣词用字后，才回答：“我们不是期望什么，只是希望。我们希望你谨守 3P 策略，而且每天都会实际运用。接下来，我们希望你深爱自己和家庭。要是工作挡在你、家庭和自己的梦想之间，那么你执着力行的优先要务是错的。”

“你的意思是说，家庭和我自己，应该置于生活中的最高位置？”

“正该如此。”

“我一向认为在职场工作的人，应该是以公司第一、家庭第二。”

“我却有更深一层的想法。在我的生活中，上帝第一，家庭和朋友其次，事业第三。要是工作进行得不顺利，我还有别的东西。那些觉得本身的价值只和工作有关的人，会因为考评不佳而抬不起头来，即使那些评语具有建设性也一样。为什么？因为他们认为工作代表他们全部的价值。工作虽然重要，优先顺序也比较靠前，却不是生活的一切。若能从这个角度去看事情，便能减轻压力。”

“我懂，你的观点的确有道理。要是把事业摆在清单上的最高位置，生活可能相当肤浅而且缺乏满足感。”

“我相信你说得一定也没错，鲍勃。对我来说，3P 的意思是：

- 奉献于上帝
- 奉献于家庭
- 执着力行优先要务
- 执着力行合宜
- 执着力行目的
- 执着力行理念
- 执着力行目标
- 坚持行事端正
- 坚持维护真理
- 坚持到底，贯彻始终

鲍勃细细品味效能官刚刚说的话，接着说：“这几天与你的几次谈话，真是令我茅塞顿开，学到以前不曾想过的很多事情。我可以了解你开列的清单，那也反映了你心里真正的想法。尽管我对信仰方面的东西懂得不多，却开始了解为什么这些事情如此重要。我有时会去教堂，却从没想到要把上帝放在优先要务的清单上。我也相信，现在我能列出一张自己的清单，表达个人的优先要务、我对正行条例的了解，以及我要执意进行哪些真正要紧的事。”

“我也相信你办得到。所有高效经理人都了解 3P 策略的内容，并把它们运用到自己的生活中。显然你已经开始了解它们的意思，以及它们如何影响你的成果。”

效能官打开办公室后面档案柜的抽屉，抽出另一个信封，交给一脸茫然的鲍勃说：“这是从我手上交给你的最后一份作业了！我有相当强烈的感觉，你的留职察看很快就要结束了。”

鲍勃难掩兴奋之情，说：“真的，太棒了！那明天几点我再来这里呢？”

“下午 1 点怎么样？早上又有一个新人要开始进行这套程序。”

“下午 1 点，就这样说定了。”

第十一章
自动自发

—

Chapter Eleven

现在的商业竞争，

没有什么秘密可言，

谁能在最短的时间内，

发挥出自己的优势，谁就能“称王”。

——

比尔·盖茨

不要再来了

“我的留职察看期很快就要结束了。”满面春风的鲍勃一进家门，就迫不及待地告诉妻子这个好消息。

“好极了！”她边叫边紧紧地抱着鲍勃，然后吻着他，差点叫鲍勃喘不过气来。“什么时候会知道？”

鲍勃一时愣住，不知道如何回答这个问题。“我说不上来，不过，我手上的作业是最后一份，效能官一定觉得我可以‘毕业’了。”

鲍勃和家人边吃晚餐边聊天，其乐融融。大约在 9 点半的时候，他向孩子们道晚安，然后走向书房，打开信封。一目了然嘛！他看着第一页时，心里这么想。上面写了几行字：

> 里面的问题可答可不答。效能官希望有机会和你一起检视及讨论你的答案，但是我们不强迫你一定要做这件事。你也许想把它留下来，以后再拿出来参考。

真怪，鲍勃心里想着。他翻开第二页，里面也有几道问题，上面写着：

> 在明天约定的时间到效能官的办公室之前，请花点时间回答这些问题，这可以帮助你在生活和事业上运用 3P。

鲍勃有股强烈的冲动，想不理会这一部分程序，因为不交也没关系。哦！等等，他心想，要是不做这份作业，就表示我执着的决心不够坚强，只好继续当最后一分钟经理人。

鲍勃找来一枝笔，然后开始慎重地回答每一道问题。

答完最后一道题之后，鲍勃从头检查他的答案。我绝不会把这份问卷交回去，鲍勃心想。我要把它放在随手可得的地方，随时提醒我该怎么去做！

鲍勃走进效能官的办公室时，有股冲动想对自己说："哟！高效经理人鲍勃来报到了！"但是他总算克制住了这股冲动。

"填好问卷了吗？"效能官问。

"当然。"鲍勃自信地回答道。

"然后呢？"

"我要把它留下来，时时提醒自己，但我愿意和你讨论我

一、请描述此时此刻，你心目中的优先要务。

二、你执意进行这些优先要务的决心有多坚定?

三、你个人觉得，“合宜”最重要的层面是什么?

做正确的事。

- ○ 为正确的理由而做
- ○ 和正确的人一起做
- ○ 在正确的时间做
- ○ 依正确的顺序做
- ○ 尽心尽力地去做
- ○ 做了之后有正确的结果

四、你能不能定义自己的愿景? 你的目的 / 使命是什么? 你对未来描绘的画面是什么?

五、你最重要的价值观是什么？

六、你执着力行这些价值观的决心有多坚定？

七、你的短期目标是什么？

八、你的长期目标呢？

九、谈到人品操守这件事时：

- ○ 你是否坚决洁身自爱？
- ○ 你是否安分守己？

十、对于你执着力行的事，你是否愿意贯彻到底？

- ○ 不计最后的代价是什么？
- ○ 不计可能的后果是什么？

的答案。”“执意用新方式做事的经理人”鲍勃热切地说。

两人花了几分钟讨论鲍勃的问卷，效能官对于鲍勃回答的内容，显然留下了深刻的印象。

老大哥有时也难免看走眼，鲍勃走出门口时，效能官不禁在心里对自己这么说。

第十二章
今日事，今日毕

—

Chapter Twelve

忙碌和紧张，

能带来高昂的工作情绪；

只有全神贯注时，

工作才能产生高效率。

——

松下幸之助

守时达标

“高效经理人”鲍勃步履如飞，轻快地走回自己的办公室。这段时间以来，他的脚步不曾如此轻松过。

那天他所做的第一件事情，就是在他每次看电脑屏幕的方向上，贴上一张纸条。纸条上只有简单的几行字：

优先要务： 每件事情都要分类

合宜： 牢记正行条例

执着： “我必须想要”

尽管每天如此焕然一新地提醒自己，但老习惯毕竟难以克服。鲍勃花了很长一段时间调整自己的优先要务、工作日程表及做事情的方式，希望能做好工作上和家里执着力行的事。

对鲍勃帮助最大的，就是拟出一张日常事务分类计划表。

鲍勃在其他方面，也马上体现了进步。首先，他会在车子

____________的分类计划

日期__________

今天执着力行的要务

- ______________
- ______________
- ______________
- ______________

待打 / 回复的电话

- ______________
- ______________
- ______________
- ______________

做好执着力行的工作

需要完成的基本事项

- ______________
- ______________
- ______________
- ______________

我必须想要

- 运动
- ______________
- ______________
- ______________
- ______________

待写的电子邮件 / 信函

- ______________
- ______________
- ______________
- ______________

今天应该完成的事项

- ______________
- ______________
- ______________
- ______________

快没油之前，就到加油站去加油。即使油只用掉三分之一或者一半，只要他有多余的时间，就会顺道去把油加满。从他决定这么做的那一天开始，他就不必再为赶赴重要约会的途中突然发现油箱见底而烦恼了。他利用日程表中的小空档，按照优先顺序去做一些小事情，然后挪出一大段时间来做更有用的事。

他也学会如何授权，以前他并没有完全弄懂怎么做才好。公司在老早以前，就发给每个经理人一部手机，但是他一直找不到充足的时间，把所有经常拨打的电话号码设定好。啊哈！他突然想到一个好办法：我可以请米歇尔利用上课和练习跳舞的空档，将所有的号码输进去。结果，这件事只花了女儿 35 分钟的时间，他也很大方地给了她 10 美元。

运用 3P 策略最有成效的一次，发生在某公司代表来拜访鲍勃，希望将该公司加进供应商的名单之列时。

"我卖的价格不只比同行低 2%，"访客自吹自擂，"还可以持续给你 5% 的个人管理费，直接存到你的活期存款账户里，谁都不知道。"

鲍勃静静倾听访客的话，那一串正行立即浮上心头：他要给我回扣，做这种事情是不对的，因为理由不正当，所以这位丑角绝对不是适当的合作伙伴。

因此，鲍勃把访客送出门去。

尽管鲍勃分类的能力提高，随着时间的流逝，他的日程表慢慢超过自身的承受能力。他在每天下班时，经常还有重要的工作没有做完。不过，谢天谢地，效能官这个人很值得信赖，她具有非凡的能力，擅长从清楚明白、畅通无阻的角度看问题，因此鲍勃决定找她谈谈自己的问题。

效能官用心听完鲍勃的话，在毫无预警的情况下，按下桌上的魔术钮。当灯光变暗、屏幕从天花板降落、音乐开始响起时，鲍勃开口说："请不要说有另一个 P！"

效能官微微一笑，却没有回答，只是静静地等候投影仪放出影像。和前三次一样，有个英文单词熊熊燃烧，嵌入石板里。但是这一次，这个词只有两个字母——第一个字母不是 P 而是 N。

这个词是"不（No）"。

鲍勃瞠目结舌。"不？"他问。

"没错，"效能官说，"更准确地说，应该是'是和不'。高效经理人知道何时和如何说是，也知道何时和如何说不；最后一分钟经理人则往往绝望地被抛到后头，因为他们以为对于别人的任何要求，唯一合适的回答便是'是'，这又回到兴趣和执着的差别问题上。当你对自己有兴趣做的事说'是'时，别人并不了解你的'是'其实是指'也许'。对许多事情有兴趣没关系，但是所谓的执着，应该只保留给高度优先的活动，也就是不管怎么样，‘是’真的表示‘是’。因此，要是将执着留给高度优先的事，就可以尽心尽力去做。”鲍勃十分迷惑地问：“如果我对别人的请求说‘不’，那么我的反应不就表示不替别人着想？”

“绝对不是这样。人往往以为，所谓为别人着想，指的是你必须让人人都高兴，这可是大错特错。为别人着想的意思是说，你心中存有更大的善念，也就是你比较关心自己、公司、同事、我们的顾客，而不是光顾着说‘是’，满足那些背离这个哲学的人，只图一己之私的需求。就像明与暗不可能同时同地存在，自私和无私也不能并存。最后一分钟经理人不可能也是守时达标的人，其中叫人振奋的一件事情，就是必须决定自己想成为什么样的人……而且一直是这样的人。”

“这么说很有道理，”鲍勃表示，“现在我知道，3P 可以帮助我决定何时说‘是’、何时说‘不’。”

“没错！屏幕上只出现一个‘不’字的理由，在于它是‘是和不’中，人们最难说出口的一个字。你必须针对每个‘是’和每个‘不’，运用分类的原则、正行条例及必须想要的方法。不这么做的话，你回答的一些‘是’，最后可能变成‘也许’，结果给自己，也给别人制造压力。”

“真谢谢你愿意花时间和我谈。”鲍勃说完，起身准备离开，“真的对我帮助很大。”

“鲍勃，有件事你自己也应该知道。你刚刚被留职察看，在我们第一次见面的时候，你迟到了；第二次，你是冲进来的，喘得上气不接下气。我当时大可取消这项程序，但是我真的想给你一次机会。我在报上看到你对我们社区做出的贡献，所以我感觉得出，坐在自己面前的是一位可敬的人，可惜却是个最后一分钟经理人。说真的，我相信，所有拖到最后一分钟才肯动手的人，在某个地方有一颗关怀他们的心。于是我打电话给老大哥，问他你是不是真的值得挽留，他说‘是啊！只要你能把他从最后一分钟经理人改造成高效经理人就行’。他坦白，他不知道该怎么做才好，也不相信效能官有办法解决这个问题，但是你证明他错了。”

鲍勃不懂她的话，问：“你有个哥哥？他在这里工作？我认识他吗？”

效能官笑了起来：“我没有说我有个哥哥，我是说，我有个‘老大哥’。我12岁的时候，老大哥和他妻子协助我度过了人生的一些困难时期，尤其是在家父过世后。家母带我到‘老大哥和老大姐’这个很棒的组织，他们帮助需要榜样的孩子，我因此认识了戴维和贝兹。”

“戴维？贝兹？”鲍勃问，“信不信由你，我刚好认识一位叫戴维的和一位叫贝兹的。”

效能官此时咧开嘴笑着说：“你当然认识，不是吗？”

鲍勃像被一道闪电突然击中似的，惊讶地说：“你指的该不会是……”

“戴维·彼得森，我们的总裁兼首席执行官……”效能官好整以暇地表示。

“是的，我说的是那个戴维。”

“就是他，我的老大哥，贝兹是我的老大姐。能够说出这件事，我觉得很自豪！”

“哇！我万万想不到。”

“鲍勃，他们改变了我的生活。他们以我不曾想过或预料的方式，丰富了我的人生。因此，我也决心尽我所能去丰富别人的生活。我认为如果要达到这个目标，最好的方式就是当别人的效能官，也可以说是关怀他人的姐妹。”

“我不曾把你当作姐妹，但你确实改变了我的人生。我非常感谢你！”

效能官听到这样的话，很高兴地说：“鲍勃，我要说，不管从哪个角度来看，你在过去 10 个月的表现很好。如果我有任何贡献的话，那也会让我觉得很有收获。”

“你的贡献很大，比你所意识到的还要大。”

“听到你这么说，真是令人高兴。”

当鲍勃站起来准备离开时，效能官却拦住他说：“你能再腾出一分钟吗？”

“当然可以。”鲍勃回答。

“我有个大好消息要跟你分享，鲍勃，而且我希望你第一个听到。我怀孕了，我丈夫和我都兴奋得要命。”

“太好了！”鲍勃叫道。

效能官继续说：“我已经决定把宝宝当成我的第一优先要务，所以我要离开阿伽龙。除了安排一些演讲之外，我打算当个全职妈妈。”

鲍勃突然觉得好像有什么东西哽住喉咙。“我会很怀念你的，虽然我讨厌这么说，却不得不说：对我而言，你就像一块安全毯[①]。”

“少了我，你还是会有很好的表现，鲍勃。你已经摇身变为优秀的高效经理人了，而且可能会一直保持下去。”

“哪天走？”

“从明天算起，两个星期后。”

“离开之前，能不能请你吃个午饭？”

---

①给小孩抓摸以消除紧张的毯子。——译注

“好啊！”效能官说。

然后他们互道再见。

那天下班时，鲍勃对于掌握自己那个小小世界的能力，恢复了信心，部分原因在于他知道，他终于可以说“不”；部分原因在于他突然发现，这个世界上有人以无私奉献的精神，丰富他人的生活并给予他人力量。效能官留给他的东西是多么美妙啊！鲍勃在开车回家的途中，满脑子都在想这件事。

但是 5 个小时后，就在他上床准备睡觉之时，一个不知打哪里来的念头浮上脑海，扰乱了他的心神——我知道“我必须想要”，但是我必须想要做什么事？

第十三章
日事日清，最完美的工作态度

—

Chapter Thirteen

对企业来讲，最重要的不是规模，

最重要的应该是效率，

所以我们进入世界 *500* 强，

关键是使每一个人有更高的效率。

——

张瑞敏

完美的解决方案

凌晨2点32分，鲍勃突然惊醒。“对了，就这么办！”他叫出声来。

“唔？”妻子因为美梦被打断而咕哝着，“是什么东西？”她半睡半醒地问道。

几分钟后，他们坐在厨房的餐桌旁，轻啜着热茶。他们谈得很认真，因为要考虑的事情很多，而且有那么多的利弊得失必须权衡；毕竟，这将是一个大的改变，180度的大转弯。

“你想，他们会接受吗？”鲍勃的妻子提高嗓门说。

“我不知道，但是值得一试，肯定值得一试。”

最后，凌晨4点49分，鲍勃的妻子笑着说：“鲍勃，如果你真的这么想，那就应该去做！”

“因为睡眠不足而满脸倦意的经理人”鲍勃那天上午到达办公室后，马上打电话给效能官：“喂，我是鲍勃，今天有可能见个面共进午餐吗？”他试探性地问。

效能官查了一下她的日程表，说："我得参加一个会议，但肯定赶得上和你一起吃个午饭，所以你等我好了。"

之后，他们边吃边聊，聊得比鲍勃原先期待的还要好。鲍勃回到办公室后，打电话找人力资源部的主管说："我和效能官想在下午找你谈几分钟，可以吗？"她答应了，于是下午 2 点 15 分，三个人到鲍勃的办公室见面。太棒了！鲍勃想，这样我就有充裕的时间，可以好好利用电脑整理我的想法。

他们碰面之后，鲍勃不啰唆，单刀直入，交给人力资源部主管一个信封。她打开后吃了一惊，抽出鲍勃修改过的个人简历。效能官只是坐在那边，脸上带着笑，显然已经知道是什么事了。

"你确定那真的是你想要的吗,鲍勃？"人力资源部主管问。

"百分之百，我真的想要！"

人力资源部主管转向效能官说："你觉得呢？"

"我想不出还有更适合这个职位的人，我相信他是绝佳的人选。"

"我也觉得挺好的。"人力资源部主管微笑着说。她立即打电话给戴维,向他说明鲍勃的想法。挂上电话后,她笑着说："鲍勃，我很乐意接受你担任本公司新效能官的申请。"

结语　每天进步一点点

“崭新得发亮的效能官”鲍勃，并不能说是他新职位的绝佳人选。他告诉公司里的每个人说：“我们一起来做；我们将一起学习、成长，而且会一起成功地成为高效率人士。”他做的第一件事是分发一张小卡片给每位员工，上面写着：

高效率人士的 3P 策略

优先要务：每件事情都要分类

合宜：牢记正行条例

执着：“我必须想要”

“请把这张卡片带在身上，或者贴在你的电脑上，以便随时提醒你，3P 对公司和个人的成功有多重要。”鲍勃在发放卡片时，总不忘这么叮嘱。

鲍勃坚持开门政策，却也公开表示，为了帮助别人守时和达标，他也可以私底下另辟秘密场合和这些人见面。随着时间的流逝，大家越来越经常地找他，甚至有些部门遇到人事纠纷时，他也成了维系团结的黏合剂。

此外，鲍勃体会到3P的重要性，所以说服公司在新进员工的岗前培训中，将这套程序作为主要框架。他也继续录制语音邮件信息，所有的员工都可以根据个人的需要在方便的时间，拨打电话收听。他把这些语音邮件称作“富裕时刻”，它自然也成了员工谈论的话题。

他仍然和前任的效能官保持密切的联系，因为他知道，他的“电池”要是在任何时候需要“充电”，她一定会大力帮忙。他们进一步决定要共同执笔写文章和举办演讲，探讨效能官的职责，以便帮助更多公司培养高效领导人。

就个人生活来说，鲍勃因为奉行3P策略，身体和精神生活更为充实。他记得前任效能官谈到的关于她父亲的往事，因此他下定决心，绝不错过儿女生活中的重要事情——从他们的毕业典礼到第一个孙子出生！他不但更经常上健身俱乐部，时间也更为固定，甚至觉得有必要修身养性。

鲍勃和其他高效经理人一样，如今知道自己是什么样的人、将往何处去、由什么事情来指引他的旅程。他预先判定将来会有什么样的变化和挑战，并且挺身面对它们。

高效经理人在正确的时候，和正确的人一起为正确的理由，努力取得正确的结果，因此拥有一趟赏心悦目的旅程。一路上，他们依照正确的顺序做正确的事，并且尽心尽力去做每一件事。

高效经理人执着于抵达目的地，也执着于旅程本身；他们执着于愿景，执着于真理，执着于品行操守，执着于他人的最佳利益。

他们是梦想家；
却也是脚踏实地的人；
他们对未来充满期待，
却也充分认识现状；
他们对于别人的话洗耳恭听，
必要时却也能侃侃而谈；
他们关怀别人，
但不会关心则乱。
他们以无私的精神，取代只图一己私利的欲望。
本质上，他们有一颗为别人着想的心。

“前最后一分钟经理人”鲍勃终于发现，他需要回应家人的需求和渴望，并且为妻子和孩子们尽一己之力。

决定遵循3P，有时难免伴随着痛苦。高效经理人的旅程不见得总是一帆风顺，有时鲍勃用尽全力，却似乎一点成果也没有；有时他甚至走上歧路。但是，“你必须想要”这句话引导着他，使他从不灰心丧气。

你应该牢记在心，最重要的事情很简单：不管你如何心存善念，要是你习惯做事拖拖拉拉，没有把你担负的责任分类，忽视正行条例，少了执着力行之心，灾祸可能就会迫在眉睫。

我们相信，如果好好研究这个世上个人和企业失败倒下的故事，你就会发现，在导致失败的行为中，做事拖拖拉拉名列前茅。为什么？因为做事拖拉的人不了解3P的基本特征。

如果本书的故事和你的生活有雷同之处，我们希望能够因此带给你希望。你可以战胜做事拖拖拉拉给人带来的折磨，也可以在生活的每一个领域中，成为既准时又能达成目标的人！

但是你必须想要……

……因为别人不能替你要。

肯·布兰佳，史蒂夫·哥特里

图书在版编目（CIP）数据

请记住：日事日清 /（美）肯·布兰佳，（美）史蒂芬·哥特里著；罗耀宗译．-- 3版．-- 海口：南海出版公司，2018.1
ISBN 978-7-5442-5781-7

Ⅰ．①请… Ⅱ．①肯… ②罗… Ⅲ．①企业管理 Ⅳ．①F272

中国版本图书馆CIP数据核字（2017）第213374号

著作权合同登记号 图字：30-2004-98

请记住：日事日清
〔美〕肯·布兰佳 〔美〕史蒂芬·哥特里 著
罗耀宗 译

出 版 南海出版公司 (0898)66568511
海口市海秀中路51号星华大厦五楼 邮编 570206
发 行 新经典发行有限公司
电话 (010)68423599 邮箱 editor@readinglife.com
经 销 新华书店

责任编辑 林妮娜
特邀编辑 汤 胜
装帧设计 @broussaille 私制
内文制作 田晓波

印 刷 山东鸿君杰文化发展有限公司
开 本 880毫米×1230毫米 1/32
印 张 4.75
字 数 40千
版 次 2006年10月第1版 2011年1月第2版 2018年1月第3版
印 次 2018年1月第7次印刷
书 号 ISBN 978-7-5442-5781-7
定 价 55.00元

Contents & Year Vision

☐

☐

☐

☐

☐

☐

☐

☐

☐

Year Plan

Date ____________ Sun. Mon. Tue. Wed. Thur. Fri. Sat.

Date ________

Sun. Mon. Tue. Wed. Thur. Fri. Sat.

Date ____________ Sun. Mon. Tue. Wed. Thur. Fri. Sat.

Date ______________ Sun. Mon. Tue. Wed. Thur. Fri. Sat.

Date ____________ Sun. Mon. Tue. Wed. Thur. Fri. Sat.

Date ____________

Sun. Mon. Tue. Wed. Thur. Fri. Sat.

Date ____________

Sun. Mon. Tue. Wed. Thur. Fri. Sat.

Date ________

Sun. Mon. Tue. Wed. Thur. Fri. Sat.

Date ____________ Sun. Mon. Tue. Wed. Thur. Fri. Sat.

Date ____________ Sun. Mon. Tue. Wed. Thur. Fri. Sat.

Date ______________ Sun. Mon. Tue. Wed. Thur. Fri. Sat.

Date ________ Sun. Mon. Tue. Wed. Thur. Fri. Sat.

Date ____________ Sun. Mon. Tue. Wed. Thur. Fri. Sat.

Date ________

Sun. Mon. Tue. Wed. Thur. Fri. Sat.

Date ____________ Sun. Mon. Tue. Wed. Thur. Fri. Sat.

Date ____________ Sun. Mon. Tue. Wed. Thur. Fri. Sat.

Date ____________ Sun. Mon. Tue. Wed. Thur. Fri. Sat.

Date

Sun. Mon. Tue. Wed. Thur. Fri. Sat.

Date ______________ Sun. Mon. Tue. Wed. Thur. Fri. Sat.

Date ____________ Sun. Mon. Tue. Wed. Thur. Fri. Sat.

Date ________

Sun. Mon. Tue. Wed. Thur. Fri. Sat.

Date ______________ Sun. Mon. Tue. Wed. Thur. Fri. Sat.

Date ______________ Sun. Mon. Tue. Wed. Thur. Fri. Sat.

Date ______________

Sun. Mon. Tue. Wed. Thur. Fri. Sat.

Date ______________ Sun. Mon. Tue. Wed. Thur. Fri. Sat.

Date ________

Sun. Mon. Tue. Wed. Thur. Fri. Sat.

Date ____________ Sun. Mon. Tue. Wed. Thur. Fri. Sat.

Date ____________ Sun. Mon. Tue. Wed. Thur. Fri. Sat.

Date ____________ Sun. Mon. Tue. Wed. Thur. Fri. Sat.

Date ______________ Sun. Mon. Tue. Wed. Thur. Fri. Sat.

Date ______

Sun. Mon. Tue. Wed. Thur. Fri. Sat.

Date ______________

Sun.　Mon.　Tue.　Wed.　Thur.　Fri.　Sat.

Date ____________ Sun. Mon. Tue. Wed. Thur. Fri. Sat.

Date ____________ Sun. Mon. Tue. Wed. Thur. Fri. Sat.

Date ____________ Sun. Mon. Tue. Wed. Thur. Fri. Sat.

Date ____________

Sun. Mon. Tue. Wed. Thur. Fri. Sat.

Date ________

Sun. Mon. Tue. Wed. Thur. Fri. Sat.

Date ____________

Sun. Mon. Tue. Wed. Thur. Fri. Sat.

Date ______________ Sun. Mon. Tue. Wed. Thur. Fri. Sat.

Date ______________ Sun. Mon. Tue. Wed. Thur. Fri. Sat.

Date ____________

Sun. Mon. Tue. Wed. Thur. Fri. Sat.

Date ____________ Sun. Mon. Tue. Wed. Thur. Fri. Sat.

Date ____________ Sun. Mon. Tue. Wed. Thur. Fri. Sat.

Date ________

Sun. Mon. Tue. Wed. Thur. Fri. Sat.

Date ____________ Sun. Mon. Tue. Wed. Thur. Fri. Sat.

Date ______________ Sun. Mon. Tue. Wed. Thur. Fri. Sat.

Date ________ Sun. Mon. Tue. Wed. Thur. Fri. Sat.

Date ____________ Sun. Mon. Tue. Wed. Thur. Fri. Sat.

Date ____________ Sun. Mon. Tue. Wed. Thur. Fri. Sat.

Date ________

Sun. Mon. Tue. Wed. Thur. Fri. Sat.

Date ____________ Sun. Mon. Tue. Wed. Thur. Fri. Sat.

Date ____________ Sun. Mon. Tue. Wed. Thur. Fri. Sat.

Date ____________ Sun. Mon. Tue. Wed. Thur. Fri. Sat.

Date ________

Sun. Mon. Tue. Wed. Thur. Fri. Sat.

Date ____________ Sun. Mon. Tue. Wed. Thur. Fri. Sat.

Date ____________ Sun. Mon. Tue. Wed. Thur. Fri. Sat.

Date ____________ Sun. Mon. Tue. Wed. Thur. Fri. Sat.

Date ______________ Sun. Mon. Tue. Wed. Thur. Fri. Sat.

Date ________

Sun. Mon. Tue. Wed. Thur. Fri. Sat.

Date ________

Sun. Mon. Tue. Wed. Thur. Fri. Sat.

Date ________

Sun. Mon. Tue. Wed. Thur. Fri. Sat.

Date ________

Sun. Mon. Tue. Wed. Thur. Fri. Sat.

Date ____________ Sun. Mon. Tue. Wed. Thur. Fri. Sat.

Date ________

Sun. Mon. Tue. Wed. Thur. Fri. Sat.

Date ________

Sun. Mon. Tue. Wed. Thur. Fri. Sat.

Date ____________

Sun. Mon. Tue. Wed. Thur. Fri. Sat.

Date ____________

Sun. Mon. Tue. Wed. Thur. Fri. Sat.

Date ______________ Sun. Mon. Tue. Wed. Thur. Fri. Sat.

Date ____________ Sun. Mon. Tue. Wed. Thur. Fri. Sat.

Date ______________

Sun. Mon. Tue. Wed. Thur. Fri. Sat.

Date ________

Sun. Mon. Tue. Wed. Thur. Fri. Sat.

Date ____________

Sun. Mon. Tue. Wed. Thur. Fri. Sat.

Date ____________

Sun. Mon. Tue. Wed. Thur. Fri. Sat.

Date ____________ Sun. Mon. Tue. Wed. Thur. Fri. Sat.

Date ______________ Sun. Mon. Tue. Wed. Thur. Fri. Sat.

Date ______________ Sun. Mon. Tue. Wed. Thur. Fri. Sat.

Date ______________ Sun. Mon. Tue. Wed. Thur. Fri. Sat.

Date ______________ Sun. Mon. Tue. Wed. Thur. Fri. Sat.

Date ______________ Sun. Mon. Tue. Wed. Thur. Fri. Sat.

Date ______________ Sun. Mon. Tue. Wed. Thur. Fri. Sat.

Date ________

Sun. Mon. Tue. Wed. Thur. Fri. Sat.

Date ______________ Sun. Mon. Tue. Wed. Thur. Fri. Sat.

Date ______________ Sun. Mon. Tue. Wed. Thur. Fri. Sat.

Date ____________ Sun. Mon. Tue. Wed. Thur. Fri. Sat.

Date ____________ Sun. Mon. Tue. Wed. Thur. Fri. Sat.

Date ______________ Sun. Mon. Tue. Wed. Thur. Fri. Sat.

Date ______________ Sun. Mon. Tue. Wed. Thur. Fri. Sat.

Date ______________ Sun. Mon. Tue. Wed. Thur. Fri. Sat.

Date ____________ Sun. Mon. Tue. Wed. Thur. Fri. Sat.

Date ______________ Sun. Mon. Tue. Wed. Thur. Fri. Sat.

Date ________

Sun. Mon. Tue. Wed. Thur. Fri. Sat.

Date ________

Sun. Mon. Tue. Wed. Thur. Fri. Sat.

Date ____________ Sun. Mon. Tue. Wed. Thur. Fri. Sat.

Date

Sun. Mon. Tue. Wed. Thur. Fri. Sat.

Date ____________ Sun. Mon. Tue. Wed. Thur. Fri. Sat.

Date ______________ Sun. Mon. Tue. Wed. Thur. Fri. Sat.

Date ____________

Sun. Mon. Tue. Wed. Thur. Fri. Sat.

Date ____________ Sun. Mon. Tue. Wed. Thur. Fri. Sat.

Date ___________ Sun. Mon. Tue. Wed. Thur. Fri. Sat.

Date ____________ Sun. Mon. Tue. Wed. Thur. Fri. Sat.

Date ____________ Sun. Mon. Tue. Wed. Thur. Fri. Sat.

Date ______________ Sun. Mon. Tue. Wed. Thur. Fri. Sat.

Date ______________ Sun. Mon. Tue. Wed. Thur. Fri. Sat.

Date ____________ Sun. Mon. Tue. Wed. Thur. Fri. Sat.

Date ________

Sun. Mon. Tue. Wed. Thur. Fri. Sat.

Date ____________

Sun. Mon. Tue. Wed. Thur. Fri. Sat.

Date ______________ Sun. Mon. Tue. Wed. Thur. Fri. Sat.

Date ____________

Sun. Mon. Tue. Wed. Thur. Fri. Sat.

Date ____________ Sun. Mon. Tue. Wed. Thur. Fri. Sat.

Date ________ Sun. Mon. Tue. Wed. Thur. Fri. Sat.

Date ______________ Sun. Mon. Tue. Wed. Thur. Fri. Sat.

Date ____________ Sun. Mon. Tue. Wed. Thur. Fri. Sat.

Date ____________

Sun. Mon. Tue. Wed. Thur. Fri. Sat.

Date ____________ Sun. Mon. Tue. Wed. Thur. Fri. Sat.

Date ____________ Sun. Mon. Tue. Wed. Thur. Fri. Sat.

Date ____________ Sun. Mon. Tue. Wed. Thur. Fri. Sat.

Date ________

Sun. Mon. Tue. Wed. Thur. Fri. Sat.

Date ____________ Sun. Mon. Tue. Wed. Thur. Fri. Sat.

Date ____________ Sun. Mon. Tue. Wed. Thur. Fri. Sat.

Date ___________ Sun. Mon. Tue. Wed. Thur. Fri. Sat.

Date ____________ Sun. Mon. Tue. Wed. Thur. Fri. Sat.

Date ____________ Sun. Mon. Tue. Wed. Thur. Fri. Sat.

Date ______________ Sun. Mon. Tue. Wed. Thur. Fri. Sat.

Date ____________ Sun. Mon. Tue. Wed. Thur. Fri. Sat.

Date ______________ Sun. Mon. Tue. Wed. Thur. Fri. Sat.

Date ______________ Sun. Mon. Tue. Wed. Thur. Fri. Sat.

Date ______________ Sun. Mon. Tue. Wed. Thur. Fri. Sat.

Date ______________ Sun. Mon. Tue. Wed. Thur. Fri. Sat.

Date ____________ Sun. Mon. Tue. Wed. Thur. Fri. Sat.

Date ______________ Sun. Mon. Tue. Wed. Thur. Fri. Sat.

Date ____________ Sun. Mon. Tue. Wed. Thur. Fri. Sat.

Date ____________ Sun. Mon. Tue. Wed. Thur. Fri. Sat.

Date ________

Sun. Mon. Tue. Wed. Thur. Fri. Sat.

Date ______________ Sun. Mon. Tue. Wed. Thur. Fri. Sat.

Date ____________

Sun. Mon. Tue. Wed. Thur. Fri. Sat.

Date ____________ Sun. Mon. Tue. Wed. Thur. Fri. Sat.

Date ____________ Sun. Mon. Tue. Wed. Thur. Fri. Sat.

Date ______________ Sun. Mon. Tue. Wed. Thur. Fri. Sat.

Date ______________ Sun. Mon. Tue. Wed. Thur. Fri. Sat.

Date ____________ Sun. Mon. Tue. Wed. Thur. Fri. Sat.

Date ______________ Sun. Mon. Tue. Wed. Thur. Fri. Sat.

Date ____________ Sun. Mon. Tue. Wed. Thur. Fri. Sat.

Date ____________ Sun. Mon. Tue. Wed. Thur. Fri. Sat.

Date ____________ Sun. Mon. Tue. Wed. Thur. Fri. Sat.

Date ____________ Sun. Mon. Tue. Wed. Thur. Fri. Sat.

Date ______________ Sun. Mon. Tue. Wed. Thur. Fri. Sat.

Date ____________ Sun. Mon. Tue. Wed. Thur. Fri. Sat.

Date ______________ Sun. Mon. Tue. Wed. Thur. Fri. Sat.

Date ____________ Sun. Mon. Tue. Wed. Thur. Fri. Sat.

Date ____________ Sun. Mon. Tue. Wed. Thur. Fri. Sat.

Date ____________ Sun. Mon. Tue. Wed. Thur. Fri. Sat.

Date ______________ Sun. Mon. Tue. Wed. Thur. Fri. Sat.

Date ____________ Sun. Mon. Tue. Wed. Thur. Fri. Sat.

Date ________

Sun. Mon. Tue. Wed. Thur. Fri. Sat.

Date ______________ Sun. Mon. Tue. Wed. Thur. Fri. Sat.

Date ______________ Sun. Mon. Tue. Wed. Thur. Fri. Sat.

Date ____________ Sun. Mon. Tue. Wed. Thur. Fri. Sat.

Date ________

Sun. Mon. Tue. Wed. Thur. Fri. Sat.

Date ______________ Sun. Mon. Tue. Wed. Thur. Fri. Sat.

Date ______________

Sun. Mon. Tue. Wed. Thur. Fri. Sat.

Date ______________

Sun. Mon. Tue. Wed. Thur. Fri. Sat.

Date ________

Sun. Mon. Tue. Wed. Thur. Fri. Sat.

Date ________

Sun. Mon. Tue. Wed. Thur. Fri. Sat.

Date ____________ Sun. Mon. Tue. Wed. Thur. Fri. Sat.

Date ________

Sun. Mon. Tue. Wed. Thur. Fri. Sat.

Date ____________ Sun. Mon. Tue. Wed. Thur. Fri. Sat.

Date ________

Sun. Mon. Tue. Wed. Thur. Fri. Sat.

Date ______________

Sun. Mon. Tue. Wed. Thur. Fri. Sat.

Date ____________ Sun. Mon. Tue. Wed. Thur. Fri. Sat.

Date ____________ Sun. Mon. Tue. Wed. Thur. Fri. Sat.

Date ______________ Sun. Mon. Tue. Wed. Thur. Fri. Sat.

Date ________

Sun. Mon. Tue. Wed. Thur. Fri. Sat.

Date ____________ Sun. Mon. Tue. Wed. Thur. Fri. Sat.

Date ______________ Sun. Mon. Tue. Wed. Thur. Fri. Sat.

Date ______________ Sun. Mon. Tue. Wed. Thur. Fri. Sat.

Date ________ Sun. Mon. Tue. Wed. Thur. Fri. Sat.

Date ______________ Sun. Mon. Tue. Wed. Thur. Fri. Sat.

Date ____________

Sun. Mon. Tue. Wed. Thur. Fri. Sat.

Date ______________ Sun. Mon. Tue. Wed. Thur. Fri. Sat.

Date ____________ Sun. Mon. Tue. Wed. Thur. Fri. Sat.

Date ____________ Sun. Mon. Tue. Wed. Thur. Fri. Sat.

Date ______________ Sun. Mon. Tue. Wed. Thur. Fri. Sat.

Date ______________ Sun. Mon. Tue. Wed. Thur. Fri. Sat.

Date
Sun. Mon. Tue. Wed. Thur. Fri. Sat.

ON-TIME　ON-TARGET